看见 可能

迎接新经纪时代

高 军 杨现领 · 著

厦门大学出版社
XIAMEN UNIVERSITY PRESS
国家一级出版社
全国百佳图书出版单位

图书在版编目（CIP）数据

看见 可能：迎接新经纪时代 / 高军，杨现领著
. -- 厦门：厦门大学出版社，2023.7
ISBN 978-7-5615-8957-1

Ⅰ．①看… Ⅱ．①高… ②杨… Ⅲ．①房地产市场—
研究—中国 Ⅳ．①F299.233.5

中国版本图书馆CIP数据核字(2023)第051746号

出 版 人	郑文礼
责任编辑	施建岚
责任校对	胡　佩
美术编辑	李夏凌
技术编辑	朱　楷

出版发行　厦门大学出版社

社　　　址　厦门市软件园二期望海路39号
邮政编码　361008
总　　　机　0592-2181111　　0592-2181406(传真)
营销中心　0592-2184458　　0592-2181365
网　　　址　http://www.xmupress.com
邮　　　箱　xmup@xmupress.com
印　　　刷　厦门集大印刷有限公司

开本　720 mm×1 000 mm　1/16
印张　17.5
插页　1
字数　210 千字
版次　2023 年 7 月第 1 版
印次　2023 年 7 月第 1 次印刷
定价　78.00 元

厦门大学出版社
微信二维码

厦门大学出版社
微博二维码

推荐序一：信任，带来新幸福

这是一本爬梳过往中介行业发展轨迹，同步援引他国成功市场范例，并积极寻求未来无限可能的行业专书，知识含金量极高。

承蒙杨博士与高总经理错爱并极力邀稿，我实在心怀忐忑。信义房屋中介股份有限公司虽然早在 1993 年就在上海建立第一家直营分店，但至今仍未做出一番成绩，坦白说忝为此书撰序。

不过，开卷之后却爱不释手，书中援引许多管理分析与理论模型，细细剖析过去二十几年来中国房地产经纪行业的发展，并试图擘画未来可能的光明途径，令人叹为观止，同时也获益匪浅。非常感谢两位作者以不小的篇幅介绍信义房屋中介股份有限公司的核心理念与做法，并引以为未来可能发展的主流方向之一。信义房屋中介股份有限公司的确是一家与众不同的公司，我在创业的第一天就写下了 70 字的立业宗旨，不仅厘清了客户、同人与公司之间的三角关系，也确认了人才、质量、绩效才是企业得以长久、永续发展的关键元素。

正因如此，"以人为本、先义后利、正向思考"，一直是信义房屋中介股份有限公司同人日常工作的根本原则。我们面对小区居民不是看见钱、看见交易、看见商机，而是看见一个一个的人、一个个追求幸福的家庭、一个个希望有好生活的街坊邻居，信义房屋中介股份有限公司分店在小区中秉持着所属小区好信义分店也会跟着好的信念，很自然就会为了提高小区生活质量而尽心尽力，"为他人带来幸福、为社会创造价值"是我们从事这份工作的最高使命。

诚如书中重复提及的"视人为人、让人发挥最大潜力"，也是我们向来信仰的重点价值，因为中介行业属于百分之百的服务业，经纪人员的服务质量与温度决定一切；即便在行业初始萌芽、混沌荒芜之际，可以凭借规模或速度获取大量利润，但在走过高速成长期之后，终究是必须熨帖着人性来发展服务制度与市场秩序。除了最基本的交易安全与效率之外，如何建立一个结构性的培训系统与工作环境，让同人感到安心与信任，并持续得以专业成长，形成自己的、有思想的、超越客户预期的 SOP（标准作业程序）赢得客户信任，是我们始终如一的经营课题。

世界在变，人心在变，商场上的趋势起伏更是瞬息万变；但每个人希望受人关心、重视，喜欢与诚恳、贴心的朋友往来，会选择信任的人进行重大交易……这些天性从古至今似乎不曾改变。所以，时常会有媒体问我，信义房屋中介股份有限公司的经营策略是什么？答案很简单，我没有策略，全心全意经营，唯"信任"二字而已。

防患于未然，从源头纾解讼源，让房地产不再是交易纠纷最多的行业，是我四十几年前从法律系毕业，受恩师启发投入中介行业的初心；日后，仍将初心不改地为更多人带来永续的美好生活，与更多有志之士携手开创美好未来！

周俊吉（信义房屋创始人）

2022 年 10 月

推荐序二：看见更多可能

本书分析与描绘了房产行业从供不应求转到供过于求阶段的历史演化；站在行业思考者的视角，作者对中介企业经营的发展战略、成功要素、行业的社会价值，以及对待员工方式的反思也能够带给其他行业启发。

房产中介行业的发展真实地反映了中国经济发展过程中所经历的高光时刻及周期性反转。书中展现了 1998 年的市场化改革，公房可以转化为私有产权，开启近二十几年的二手房交易热潮。自 2000 年起，各地区开始出现本土中介公司，为居民进行房产交易提供帮助，例如北京链家房地产经纪有限公司（简称"北京链家"或"链家"）、北京我爱我家房地产经纪有限公司（简称"我爱我家"）、上海德佑房地产经纪有限公司（简称"上海德佑"或"德佑"）、广州满堂红（中国）置业有限公司（简称"广州满堂红"或"满堂红"）、深圳世华房地产经纪有限公司等。这些公司吸收了境外连锁中介公司的体系与文化，例如香港中原地产以划地深耕、承包激励为主的"诸侯制"；如台湾信义房屋中介股份有限公司建立的重培训、重团队协作的经纪人高底薪、低提成制度；如 21 世纪不动产树立的强调规则和规范下的竞争与合作，及重视职业伦理和职业操守的加盟连锁制。至 2008 年，政府四万亿救市计划出台，房产中介行业迎来了大爆发，北京和上海等一线城市的房价在往后的十年涨幅超过 4 倍。之后的 2009 年，北京的二手房交易量放大到 25 万套，创下 2010—2022 年的最高记录。而后中介公司如雨后春笋般成立，形成百花齐放的盛景。

值此中介行业快速引爆之时，因为买家'一房难求的强需求，良莠不齐的中介靠信息不对称牟取差价的事时有发生，造成乱象频传。然而，有一些优秀的先行者，却能在此全行业趋利时期，坚守初心，做难而正确的事。一方面，相较于当时利用互联网技术与虚实房源快速引流的线上公司，许多线下的中介公司，例如链家和好旺角等，坚持提供由中介人员亲自确认、拍照、录入系统的真房源信息；另一方面，推动实价报盘、签三方约、不吃差价、资金监管，为客户提供避开嫌恶设施如坟地、高压线、凶宅等保障，及"安全、高效、愉悦"的交易体验。链家的坚持最后得到了市场的认可，一举成为行业中的领导企业。然而，即使链家在全国高峰时期开设8 000家门店，雇用超过13万名经纪人员工，链家的市场份额也未超过10%，行业里仍然有大量的从业者在进行着无序的竞争。有鉴于此，创始人左晖再次做了艰难而创新的战略决定，孵化贝壳平台，利用数字化工具与联盟机制赋能行业升级及构建生态圈。贝壳平台曾经拥有5万个加盟店及50万个经纪人共享数据系统、管理制度与服务规则，创造了平台与品牌两种商业模式联合上市的范例。

本书令人激赏的点，在于提出中介生态圈尚未解决的警醒问题。中国房产中介的从业人员入行的门槛低但存活不易，平均收入只有社会基本工资的60%，工作辛苦却未能得到社会的尊重与认可。此外，人员平均从业时间不到2年，远短于美国经纪人的8年，专业经验不易沉淀，连带着影响客户体验。因此出现值得人们进一步思考的问题：提高经纪人报酬，是否会转嫁至客户承担？应该如何调整客户、中介、门店、品牌、平台等生态伙伴的价值创造与分配关系，达到整体的高效与共赢？尤有甚者，在具有交易标的单价高、后悔成本极高、产品具有非标性质、必须和陌生人交易等特点的房产行业，中介的价值究竟应该如何体现？

首先，在效率上，根据行业统计，一次房产成交需要经过40组买家的带看，从带看到签约已涉及 20 名经纪人，之后的交付全程则须再涉及 10 人参与。如此多的人力投入，能否通过数智工具及流程创新提高交易效率，是未来亟须探讨的课题。

其次，在价值分配上，目前行业实务是交易佣金的 35％～45％ 归属经纪人提成，店东获得 10％～15％ 的管理费，连锁品牌商获得 3％ 左右的品牌费，平台收取 15％ 左右的数字赋能及流量服务费，另外再加上 15％ 的房租、管理费，14％ 给新人补贴，及各项税费等。这个价值分配是否达到价值创造与合理分配的最优解，值得探讨。如果未来行业优化，需大力加强对经纪人的专业培训以及提升其延伸服务的能力，应该由哪一方来支付升级费用？如果未来平台的赋能能力增强，会消减品牌商与店东的角色与价值吗？未来什么样资质的经纪人与门店管理者会更受欢迎？

对于以上问题，作者提供了深入的洞察与讨论，值得读者细细品味与深思。

这本书来得很及时，书中分析 2022 年出现的房产交易大幅收缩，象征着行业的周期转折，中国居民基本住房的需求接近满足，未来预计会朝向细分市场的个性化服务、从房到家的全流程方案的优质体验以及行业协作机制的共创升级等方面迈进。正当全行业担忧彷徨之际，作者引用信义房屋中介股份有限公司周俊吉董事长从创立至今度过无数困难、转危为安时期的三个文化价值观"以人为本、先义后利、正向思考"勉励同行，为客户及伙伴带来正向价值，培养有能力、有尊严的从业人员，从而等待行业变化的契机，通过创造集体利益的过程，体现与获取自己的商业价值。

陈威如（中欧国际工商学院战略学教授）

2022 年 12 月

自序一：致新一代企业家

历史学者施展说过：人类历史的发展过程，不是匀速直线的运动，而是一种变速运动。它可能很长时期都是某种稳定的状态，但过了这段，就可能进入一个大变革时代，短短几十年甚至十几年时间，人类历史的运动节奏就会换挡，变化速度大大加快。变革结束后，又会进入稳定状态；再过比较长的一段时间，有可能再次换挡。作为一名在 2000 年左右入行的从业者，非常幸运地赶上了中国房地产发展历史上最快的 20 年换挡期，这 20 年房地产交易总额增长了约 40 倍，感谢时代赋予的良机让我们有机会能够分享时代所赐予的盛宴。

在我从业的这 22 年里，能够感受到的巨大变化和冲击有四次。第一次，要感谢中房经联王爱静组织的清华房地产经纪总裁班。在那半年的研修中，我们这些入行时间不长的门外汉有机会和中原地产、信义房屋、21 世纪不动产、住商不动产等行业的前辈们学习和交流，让我们快速而全面地了解行业前辈已经摸索了几十年的最佳实践经验，这样我们就可以站在巨人的肩膀上成长得更快一些。第二次，要感谢 2009 年 IBM 的咨询顾问服务，当时我们知道 IBM 是华为、顺丰等企业的老师，但我们并不知道后来的华为能够成长为世界最优秀的公司之一。感谢 IBM 让我们了解并学习了最先进的经营理念（利益相关者经营理念）、战略管理、基于流程的业务管理方法、项目管理、信息化等，老师虽好，但我们的理解和消化能力看来和华为还是有差距的。即使是只理解了一点点也足够在行业领先一段时间。第三次，互联网带给行业的冲击和变化。互联网带着先进的技术和理念，一度让传统行业的从业者很焦虑。好在房地产经纪行业在互联网时代之前已经在信息化方面做了很多工作，加上行业线下属性重的特点，互联网并没有颠覆这个行业，但互联网技术间接促进了房地产经纪行业的快速发展。第四次，平台化带来整个行业生态的变化。平台化的影响甚至让过去强势的开发商都不得不放低姿态与渠道紧密合作。平台化对传统的直营和加盟组织都有很大的影响，行业的平台化也让资本青睐，并有机会让房地产经纪行业也出现了一家能够称为"大厂"的企业。非常幸运，这四次巨变我都能身在其中，作为行业的一名老兵，既对行业的发展和进步感到自豪，同时也对行业中的不足感受到深深的责任。

2020年新冠肺炎疫情暴发以及2021年房地产全面宏观调控、平台型企业治理，让高速发展的房地产行业慢了下来。严冬之下，在活下来、降本增效之余，我们也要思考未来会有哪些变化，还能够看见哪些可能。这本书也许会给大家一些启发和思考，希望大家在下个换挡期能够有更好的进步和发展。

首先，行业的基础还不够牢固，过去的20年发展太快，还有很多基础性工作来不及建设。服务的标准化、流程化，企业的现代化管理，从业人员的能力提升等还有很多的功课要补上。尽管IBM也曾经是我们的老师，但我们的管理水平和同样是IBM学生的华为相比还有相当大的距离。华为已经建立起一整套现代化管理体系，体现在公司管理方面有十几个主要的流程，每一个流程都形成了较为稳定的组织能力。目前房地产经纪行业能够与之比较的也许只有业务流程的ACN，其他如战略管理、产品与服务开发、供应链管理、人力资源管理、变革管理等还有很多待改进和提高的工作要开展。即使是业务流程管理,目前也仅仅是房源管理方面做得比较好,客源管理以及客户关系管理方面普遍做得不尽如人意。因此,未来行业匀速发展也许是夯实基础的时代,我们也有机会慢下来,在基础建设、系统建设等方面可以补上快速发展时期的不足。本书中所提到的需求的转变、服务的转变、管理的转变等很多方面都可以展开深入的优化和改进。

其次,行业的基层从业人员,即房地产经纪人和店长的生存环境亟待提升。虽然市场交易规模增长了近40倍,也有几家优秀企业成长为上市公司,但真正能够分享行业快速增长红利的仅仅是少数人。行业广大的基层从业人员依然和20年前类似,他们普遍收入不高、福利待遇欠缺、工作时间长、社会声望不高,默默承受着巨大的工作和生活压力。2021年国家再次提出了共同富裕,希望先富起来的人能够帮助后富起来的人民。尽管社会对此有各种理解,但企业的责任并不仅仅是股东利益最大化,企业有责任保护员工的合法权益,帮助员工提高收入、完善福利、缩短工作时长等,这是现代企业经管理念的共识。过去房地产经纪行业在品质、效率和规模方面的探讨比较多,但较少关注经纪人的生存与发展,对待经纪人的基本权利还不能勇敢面对。本书在人的转变、组织的转变、文化的转变中坦诚直面这些困难,希望和行业的领导者一起解决这个难题。未来的竞争也许就是优秀经纪人的竞争,哪家企业赢得经纪人的拥戴,就将最终赢得客户的支持,这样的企业才会在接下来的发展中更加顺利。

再次,行业的生态建设还需要各参与方共同治理。伴随着经济的高速发展,对资源的过分利用将导致生态问题。生态保护不仅仅是环境问题,任何一个行业的快速发展都会给行业的生态均衡造成影响。现代社会要求企业在发展的同时注重生态环境保护、履行社会责任、照顾好利益相关者,并且要提高企业的内部治理水平。对房地产经纪企业而言,面临的生态建设问题主要是要解决行业的供给过剩、利益至上主义,以及生态参与方的关系协调问题等。未来的生态建设要努力解决几个平衡关系,例如公司治理的平衡、行业供求关系的平衡、利益相关者的平衡等。本书提出的平衡七大关系、B点信念、建设美好组织等,即希望企业不要只追求眼前的利益,不能竭泽而渔,而要追求长期可持续发展。我们也希望通过本书给读者留下一些思考:新时代的行业使命是什么?我们能够为生态均衡可持续发展做些什么?我们能够反思什么?在创造价值的同时,价值分配公平公正的原则是什么?希望带着这些问题,我们一起思考和实践。

最后,行业需要新一代的领军者。过去 20 年,引领行业变化的是出生在 20 世纪六七十年代的创业者,他们将行业从赚差价、发虚假房源的不规范时代带入不赚差价、真房源时代,他们把行业从信息靠手工传递的时代带入信息化和互联网的时代,他们把行业从小公司分散竞争的时代带入小公司、中型公司和大型上市公司并存的百花齐放时代,他们为行业的变革做出了时代应有的贡献。随着时间的流逝,上一个时代的领军人物大部分已经逐渐退休或者离去,行业随着时代的发展面临着新的挑战,新的时代需要新一代的领军者,他们面临着新的挑战和机会,这包括服务者收入提高和福利改善的挑战、生态建设的挑战、数字化和智能化的挑战以及组织重塑文化变革的挑战等。相信在年青一代的努力下,这些问题将得到解决。祝福新一代的行业领军者,我们一起加油!

高军

2022 年 12 月

自序二：转变与可能

转变不是为了变化，转变也不是随机性、无序、混乱的代名词。转变的根本目标是看见更多可能、创造更多美好。转变是为了确定性，这也是战略的本质，它追求的是确定性、可预测性、秩序和连续性。在大部分人选择"吃差价"的时代，转向"不吃差价"就是最大的确定性；在假房源满天飞的时代，转向真房源就是最大的确定性；在规模为王的时代，转向效率和服务就是最大的确定性。当然，最大的确定性一定来自人。只有人的确定性，才能穿透市场波动和行业竞争的不确定性。一切始于人，一切终于人。这个世界充满风险和不确定性，为了稳定不稳定的世界，人的因素至关重要。

买方市场、卖方服务

过去 20 多年，中介行业的运行建立在卖方市场的基础假设之上。卖方市场的核心特点就是房源短缺、成交速度快、周期短；房价单边上涨，买到等于买对，抢房等于抢钱。在这个逻辑之下，中介公司的最优策略就是拼速度、拼规模，其背后的核心是拼房源，谁能以最快的速度掌握最多最稀缺的房源，谁就能建立竞争优势。

伴随着住房大开发浪潮，我们终于来到了关键转折点：人均住房面积已经达到 42 平方米、套户比超过 1.1①、超过 85％的城市家庭已经拥有自己的住房，住房短缺的时代结束了，房价只涨不跌的时代结束了。

于是，我们不得不迎来一个新的假设：买方市场。市场上大量的房子，无关注、无商机、无带看，成交周期大幅度延长，只有降价才能获得成交的机会。然而，从卖方市场向买方市场的转变，不只是一种挑战，也是一种新的可能。从字面含义理解，所谓的买方市场就是对买方最有利、卖方更需要服务的市场。买方需要高性价比的优质房源，卖方需要深度的房源加工、高质量的维护和专业的营销推广。

人、品质、利润

卖方市场，经营的本质是规模；买方市场，经营的本质是人。经营的基本假设变成：人、品质、利润。只有优秀的经纪人，才有高质量的服务；只有高质量的服务，才有满意的客户；满意的客户产生重复购买和转介绍，从而为企业带来合理的利润。换个角度看，买方市场中，利润一定从差异中来，差异从服务中来，而服务的差异很大程度上来源于人的差异。

在卖方市场和规模竞争的逻辑下，人是竞争和服务的手段。人被角色化和工具化，服务被拆分成录入、实勘、维护、钥匙、虚拟现实（Virtual Reality，缩写 VR）等多个细分角色，从而更容易实现标准化和规模化，服务角色化、角色工具化、工具线上化是效率的来源。

---

① 套户比是指城市住房总套数与城市家庭数量的比率，该指标大于 1.1，意味着城市不缺房子，还有富余。

在买方市场和品质服务的逻辑下，人非手段，而是目的，人不是服务的工具，而是服务的主体，正是经纪人与客户的现场互动决定了服务体验和客户满意度。在卖方市场，人的专业性往往是指经纪人在某个角色上积累了专业能力，效率来自分工。在买方市场，人的专业性则是指经纪人在某个细分市场或细分客户群形成了专业能力，效率来自定位。前者强调片面的技能，后者强调完整的服务，单一角色上的专业无法达到服务的专业。前者强调人的标准化，后者强调人的多样性与差异性。消费者的需求是多元的、个性化的，只有具备多样性和差异性的服务者群体才能为大量消费者提供令人满意的差异化服务。因此，生产率提高的动力，不再是规模，不再是更多的人，而是更加不同的人。经纪人变得强大和高效，是因为他们变得如此不同，形成了新的专业可能性。经纪人不再是被动的生产要素或生产工具，而是具备主动性、能动性、自我激励和独特性的人。一个组织正是因为聚合了一批不同的人，释放了人的天赋和魔力，并让彼此之间自发合作，而让组织爆发出真正的效率。人的独特性本身就是优势，只有让更多人发挥自身的优势，公司才能持续不断地产生业绩与利润。

以人为本，重塑管理

积极心理学家马丁·塞利格曼认为工作有三个不同的层次：工作（job）、职业（career）、事业（calling）。其中处于"工作"层次的人，只是为了薪水而工作；处于"职业"层次的人，对这份工作有更深的投入，不仅通过它获得金钱，也可以找到很多意义，例如晋升带来的成就感、客户满意带来的自我肯定;而把工作当成"事业"的人,是对这份工作本身充满热情,工作本身就能带来价值,也能带来满足感,哪怕没有工资增长或晋升机会,工作仍然能进行。[①]

如果我们认为服务者的工作只是一份工作,那么金钱激励就是核心,企业管理的抓手是用奖励来引诱他们,用处罚来威胁他们。这背后的管理假设为工作是标准化的,可复制的流程最重要,效率来自重复。这就是泰勒的科学管理。众所周知,泰勒哲学的本质是把时间转化为利润,通过科学的方法把一个生产流程分解成多个最小的组成单元,为每个单元独立计时,自上而下重组工作流程,在简单中创造出复杂,以效率最大化原则运行。这套方法几乎立竿见影地带来更高的生产率和更多的利润,但是它却剥夺了工人从工作中获得意义感和满足感的权利,将工人变成职场里的一个高速运转、从事重复操作的齿轮。

具体到中介服务,经纪人的工作被拆解成多个细分角色,每个人只完成有限的、标准化的任务,把原本完整的服务变成一个个单独的标准操作。这样的做法必然带来三个负面结果:经纪人重复完成一项角色会导致身体和心理上的厌倦和疲惫;工作成为支撑现实生活,日复一日、周而复始的一种苦差,缺少工作的意义,发挥不了自身的潜能,容易半途而废;无法为客户提供完整的服务,使得买卖双方都需要接触大量"角色"才能完成交易,感受不到一以贯之的完整体验。

更重要的是,中介服务在工作属性上往往表现为人与人、心与心、面对面的交流和互动,卓越的服务体验与客户满意不仅取决于理性的标准服务,也取决于难以被标准化的感性服务,只有感性服务才能创造超过客

---

① 塞利格曼.真实的幸福[M].洪兰,译.杭州:浙江教育出版社,2020:199.

户预期的感动。心理学研究已经表明,感性服务相当于一种"即兴表演",需要发挥服务者的热情与创造,它取决于服务者本身所具备的心智、情绪、心灵等诸多因素的综合。可以说,经纪人的工作在很大程度上要求他们在体力、智力、心力三者之间形成良好的结合与平衡。可以想象,未来的中介服务日益呈现出不确定性和复杂性,相比于标准化工作流程,灵活、迅速、创新、协同、现场及时响应等几大要素更加重要,这需要激发经纪人的工作热情才有可能实现。

这一切都意味着管理者应该更多关注经纪人的身心健康。管理者不是发号施令的绝对权威,而是赋能者、协调者,甚至是心理咨询师,营造一种积极向上的组织氛围是管理者非常重要的能力。

过去的中介管理往往侧重于业务的管理,而忽视人才的管理。从人才管理的角度看,管理的本质是满足人的激励。赫茨伯格的"双因素理论"认为人们工作的激励可分为两个因素:一种是与工作不满意有关的因素,被称为"保健因素",例如薪酬、工作条件、人际关系、管理者、公司政策等,这些因素如果不被满足,就会产生很大的不满;另一种是与工作满意有关的因素,例如成就、认可、工作本身的意义、责任、进步与成长,被称为"激励因素",这些因素可以促进员工工作绩效的提高。根据赫茨伯格的理论,保健因素被满足,只能让员工减少不满意,只有激励因素才可以提升人们的工作热情,创造非凡的成就。根据这个理论,管理者应该消除不满意因素,确保工作条件、薪酬条件、公司政策等都是合理的,然后把管理精力集中在提供一些成就、认可、责任和个人成长等方面的机会上来激励员工。让工作本身成为经纪人满意的来源,它的重要性将远远超过金钱带来的满足,它使工作变成职业和事业。

企业家精神，尝试不可能

优秀的企业，不仅要适应市场，更要创造市场，关键是创造独特的客户价值。企业是由企业家创建并管理的，市场和行业环境为企业家的行动限定了范围，也为他们创造了机会。

行业变革的驱动力来自企业家精神。企业家与一般管理者最大的不同是企业家的决策依赖的是直觉、使命感、想象力，及感知和判断未来商业前景的敏锐度，最好的决策往往不是计算出来的，而是基于伟大使命与情怀的召唤，是超越财务和利润目标的。管理者的核心能力是正确地做事，企业家的核心能力是做正确的事，即他认为正确的事。当然，卓越的企业家对于未来事件的判断是主观的、未知的、独一无二的，没有统计样本，没有概率分布，不是给定约束的求解过程，而是一个全新的创造过程。[①] 因此，他们绝不仅仅是适应市场，在约束条件下寻找最优的资源配置方式，而是打破约束条件，改变资源条件，用新技术、新方法、新模式或新组织来彻底实现真正的创新。此外，企业家常常是过于乐观的。一项针对近3 000名美国企业家的调查显示，81％的受访者认为自己的成功率在70％以上，33％的受访者认为自己失败的概率是0，即使当时美国70％的创业企业都在4年内面临着经营不善的问题。也就是说，企业家对于成功的信心远远大于事后的统计概率。从心理学的角度讲，企业家的乐观来自他们天生的"解释风格"，哪怕是负面的信息，他们也总能从中

---

① 张维迎.重新理解企业家精神［M］.海口:海南出版社,2022:37,47.

找到一种乐观的解释，从而让自己的注意力更加专注，乃至屏蔽一些无关信息。① 不同的解释风格决定了不同的生命状态，企业家的一项重要能力就是把事情向着乐观的方向解释，减少外部干扰对自己内心世界的冲击，保持心灵的秩序与和谐，专注于自己认为正确的事情，表现出超强的韧性与耐力。② 因此，许多优秀的企业家之所以会成功，并非因为创业本身，而是对于创业的坚守，甚至是偏执。这些都源自他们的解释风格，这也是企业家的独特性。

回首过去，如果没有一大批具有独特解释风格的优秀企业家，就不会有各个领域的创新与创业，也就没有改革开放以来中国经济的快速增长，也没有人民生活水平的根本提高。同样，中国的商品房市场从无到有，从小到大，市场交易额从千亿级达到 20 万亿级，20 多年实现百倍增长，这一切都与民营企业的创业与发展密不可分。中国的二手房市场从 1998 年的百亿级市场达到今天数万亿级市场，中国的中介行业从早期的草莽时代发展到今天超过 150 万名从业者的大行业，这一切也与一代代企业家不懈的努力密切相关。

当下的中国房地产行业正处于新一轮变革的时间窗口，无论是开发

---

① 人与动物最大的不同在于神经系统过于发达。感知和获取更多的信息，无疑有助于人类的生存；对外部情况不感知，当然更危险；但感知更多也更苦恼，更加无所适从，多知多畏，多知多忧。也就是说，人类进化和自然选择的生理机制是为了加大生存概率，倾向于悲观和谨慎的解释风格，这在远古充满风险的残酷生存竞争中是必要的，大多数人也继承了这些风格。从这个角度看，企业家这个特殊的群体是非常不一样的例外，他们不惧风险，乐此不疲，这也是现代社会人类进步的重要驱动力。

② 人类有一个超强的意识系统，这个系统需要秩序，心灵无序时人们会焦虑、烦躁、不知所措、无法专注，精神熵增非常大。企业家的乐观型解释风格让他们规避了这些问题，内心秩序非常强烈，不容易被干扰，所以才能做到"偏执"。从这个角度理解，偏执狂不是一种选择，而是一种内在的能力。

商,还是中介公司,都需要新一代的优秀企业家勇于创新,创造不一样的
未来。

定位,让你卓尔不群

今日的决策将创造未来的企业。要想赢得未来的竞争优势,企业的
优先级战略是定位,定位的本质是让自己卓尔不群,成为细分领域的第
一。企业能否成功不取决于它做了什么,而取决于它在客户心中留下了
什么。[①] 因此,企业需要把自己与竞争对手在客户心中区分开来,使自己
成为客户心中的第一选择,这是构建强势品牌的关键。

为此,立足现在、放眼未来,企业需要自问有关定位的六个问题:

第一,我们在哪里竞争?谁是我们的竞争对手?我们选择的目标市
场是趋于上升,还是下降?(市场细化)

第二,我们的客户定位是什么?今天为谁服务?未来又将为谁服务?
(客户定位)

第三,在现在和未来客户的心中,我们的品牌代表着什么?对我们满
意的是哪类客户?对我们贡献最多利润的是哪类客户?(品牌定位)

第四,我们是否满足了客户的核心需求?与过去相比,我们做了什
么?未来我们在哪些方面继续改进?(核心价值)

第五,我们的组织是否具备为客户持续创造价值的能力?组织如何

---

① 定位理论认为人类的心智是一个容量不足的容器,人们心智终究有限,容不
下太多品牌,一个品类最多只能记住七个品牌。更为详细的内容,可以参见:里斯,特
劳特.定位[M].邓德隆,火华强,译.北京:机械工业出版社,2021.

变革与改进?(组织能力)

第六,我们的经纪人是客户需要的画像吗? 我们的招聘方式、绩效方式、管理方式是否能够保障我们招聘和保留这些经纪人?(服务者能力)

总而言之,为了未来的确定性,一切皆在变化,这就是世事的常态。

未来的可能一定从转变中产生。只有转变,才能创造出差异;只有差异,才有新的可能。那么,转变源于何处?

根本的转变一定来自底层假设的变化,本质上是企业家看待市场、竞争、客户、员工和管理的方式发生了根本的变化。假设不变,真正的转变不会发生,未来的可能也无从谈起。

转变与可能,正是本书的主题,我们也希望这本书可以给大家带来力量和信心,在创新与变革的路上,尝试更多可能,创造更多美好。

杨现领

2023 年 3 月

目　录

1

市场的转变

看清这个世界，然后爱它。

———罗曼·罗兰

萧条的唯一原因是繁荣。

———克莱门特·朱格拉

没有宏观经济和城市化的发展,住房市场的发展也就失去了基础;没有住房市场的发展,二手房市场的发展也就失去了前提条件;没有二手房市场的发展,中介行业发展的整体基础也就不复存在。如果中介不能在总体上成为一个被广泛认可的服务行业,中介公司和经纪人也就失去了可持续发展的根基。因此,它们彼此之间的相伴相生关系必然是我们研究的起点。

2000 年中介行业起步之时,我国住房市场的交易总额只有 5 000 亿元,二手房市场交易额不足 1 000 亿元。2021 年我国住房市场的总量规模达到 25 万亿元的历史高峰,20 多年增长了约 50 倍,其中二手房交易额从无到有、从小到大,已经增长到 7 万亿元。2022 年我国房地产市场经历了一次大型调整,新房交易量大幅下滑,许多大型开发商陷入债务危机的泥淖难以自拔。过去 20 多年运行良好的房地产市场框架开始出现明显的裂痕。这一轮周期不再是过往周期的简单重复,它有自己的韵脚,它不仅是一次短期的下行调整,也是一次长周期的结构巨变。旧模式步履蹒跚,新模式曙光未现,房地产市场的未来发展面临着最大的变局,也隐藏着最大的可能。

基本概念

从简单的收入恒等式出发,中介行业的佣金总收入＝存量住房套数×流通率×套均价×中介成交占比×名义费率×（1－费率折扣），其中前三个变量与市场有关,后三个变量与服务和竞争有关。从这个等式可以看出,对中介行业产生直接影响的市场指标有三个。

第一是存量住房套数。它是指一个国家或城市的住房存量,是中介行业的基本盘,它决定了一定时期内可供出售的潜在供给量。没有存量基础,就没有可售房源,交易也就不可能产生。1998年之前,我国大概有50亿平方米的住房存量,绝大部分住房的所有权属于国家或企业,用途上主要用于出租,住房作为一种福利提供给工人或其他城市居民。私人无房可售,也无须买房,这就不太可能产生真正的二手房交易市场。1998年住房市场化和商品化改革之后,我国经历了20多年的商品房开发浪潮,2022年我国住房存量已经达到350亿平方米,相比1998年增长了6倍。这350亿平方米的"大池子"就是中介行业赖以生存与发展的最大基础。

第二是流通率（换手率）。它是一定时间内存量住房中流通出售,最终成功完成交易、实现换手的频率,它反映的是住房市场的活跃度。举例来说,美国住房存量1.36亿套,流通率平均达到4％,也就意味着每年超过500万套房屋完成流通交易。相比之下,我国住房存量超过3亿套,是美国的2倍以上,但是我们的流通率只有2％,每年交易量也只有600万套,并没有比美国高太多。

如果从城市层面对比,流通率的差异也非常显著。纽约、伦敦等国际大都市的流通率远远超过所在国家的平均水平,达到 6％～10％。相比之下,我国北京和上海两个大都市的住房流通率可以说是处于偏低水平,只有 2％～3％。北京、上海住房存量都超过 800 万套,过去几年的平均交易量分别只有 18 万套、25 万套,流通率只有 2.2％、3.1％。深圳的情况恰恰相反,深圳商品房存量只有 200 万套左右,是上海和北京的 1/4,但是高峰时期的二手房交易量超过 12 万套,流通率达到 6％。[①]

第三是套均价。这个指标的含义无须解释。存量住房套数和流通率决定了二手房交易量,套均价与交易量一起决定了二手房交易额。我国二手房套均价大约只有 150 万元,而美国有 300 多万元。伴随美国房价快速上涨,2022 年美国二手房总交易额已经超过人民币 13 万亿元,是我国的 2 倍。不同城市之间的套均价也存在显著的差异,我国四个一线城市的套均价非常高,其中,北京和深圳超过 500 万元,上海接近 400 万元;大部分二线城市的二手房套均价基本保持在 150 万～200 万元;三、四线城市往往只有 60 万～80 万元。考虑到套均价的差异,我们的测算表明,以上三个一线城市的二手房交易额总计超过 2 万亿元,在全国的占比达到 35％;TOP 10 城市的二手房交易额总计达到 4 万亿元,在全国的占比达到 60％。对比来看,美国 TOP 3、TOP 10 都市圈的交易额在全国的占比只有 12％、30％。由此可见,我国的二手房交易是高度集中的,以上三个一线城市的总人口在城市人口中的比重只有 6％左右,交易额占比却高达 35％。这意味着我国二手房市场的发展是不平衡的、不充分的,绝大部分城市的二手房市场尚未充分发展,甚至尚未启动。

---

① 深圳的存量住房中,超过 80％都是村民或集体组织自建合建的小产权房、政策性保障住房和工业区配套宿舍,真正的商品存量住房只有 200 万套,也只有一些商品房才能正常流通。

大转折

过去 20 多年,尤其是过去 10 年是我国房地产市场超高速发展的时期,是真正的"黄金时代"。截至 2022 年我国商品住宅销售额累计 130 万亿元,超 9 亿城镇人口的居住需求基本上得到了较好满足,存量住房面积达到 350 亿平方米,户均住房套数达到 1.1,城市家庭住房自有率超过 85%,人均住房建筑面积从 1998 年不足 10 平方米增加到 42 平方米。可以说,经过 20 多年的历史性发展,我国住房市场已经告别了总量短缺时代。

回望历史,这一切来之不易;展望未来,这一切难以持续。

1998 年面对东亚金融危机的外部冲击与经济寻找新兴增长点的内在要求,国家下决心停止城镇住房福利分配制度,全面推进住房市场化与商品化,土地"招拍挂"、商品房预售、住房金融、住房税收等一系列关键领域的改革取得重大突破,由此推动了商品房与经济适用房的快速发展,住房的商品属性得到极大释放,住房消费、保值增值的观点日益普及,房地产也日益成为我国经济的重要支柱。2008 年爆发全球金融危机,我国采取了"一揽子"刺激政策,其后的 10 年,住房的金融属性逐步彰显,土地财政与土地金融成为地方政府加杠杆的重要基础;借助于高杠杆、高周转的发展模式,开发商规模迅速变大;居民的自住、投资、投机性需求全面释放,住房条件得到极大改善,同时杠杆率也快速上升。

然而,今天我们不得不迎接真正的转折点。1998 年商品房启动时,我国城镇化率不足 20%,2022 年已经达到 65%,或许仍然存在一定的上升阶段,但是人口向城镇流入的速度已经显著放缓。1998 年我国居民杠杆率只有 10％,2008 年开始进入一轮快速加杠杆的过程,2015 年居民杠杆率达到 38％。从这一年开始,在货币化棚改等新一轮宽松政策的推动之下,居民杠杆率再次一路走高,2020 年超过 60％,最近三年稳定在62％左右。应该说,我国居民进一步加杠杆的空间有限,从加杠杆走向稳杠杆是必然选择。不仅如此,人口出生率持续下降、宏观经济从高速增长进入中低速增长,这些基本面因素的转变都将从根本上改变住房市场发展的未来轨迹,一场大的转型似乎不可避免。

第一,开发浪潮的落幕。2016—2020 年我国商品房交易总量达到7 000万套,年均 1 400 万套,相比 2009—2015 年年均 950 万套、1998—2008年年均 330 万套,呈现非常显著的增长。2021 年在新冠肺炎疫情冲击、房地产调控等一系列政策的影响下,我国新房交易额仍然逆势冲高到 18 万亿元的天量,如图 1.1 所示。可以说,过去五六年是新房市场发展的巅峰期。未来 5～10 年我国新房开发和销售的长期下行也是不可逆的趋势。

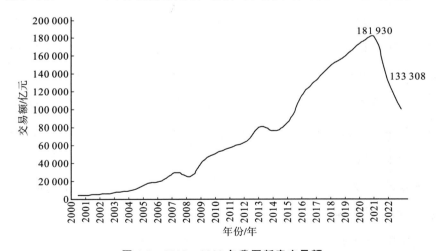

图 1.1　2000—2022 年我国新房交易额

数据来源:国家统计局。

虽然家庭结构的快速小型化、加速到来的换房与改善需求、数亿流动人口的租房需求、活跃老年人的养老居住需求等结构性因素意味着新房需求和新房交易仍将存在,并保持在适度的规模,但是过去那个高歌猛进的、开发商"一张图纸走天下"、消费者竞相抢房、抢到等于赚到的大时代已经落幕了。2022年市场的快速调整只是一个序曲。数据上,2022年许多城市新房交易量下滑幅度超过40%,以郑州、西安、重庆为代表的二线城市,在上一轮周期中新房需求被大量透支,2022年下降幅度最大。以郑州为例,2019年和2020年新房住宅交易量高达15万套,2021年已经下降了40%,2022年进一步下降40%以上,这导致郑州的本地开发商和全国开发商普遍面临严重的债务危机、烂尾、停工等问题。重庆2021年新房住宅交易量超过18万套,2022年只有不足10万套,降幅也十分明显。还有一类城市,以环沪和粤港澳湾区的周边城市为代表,它们的需求主要来自核心城市的外溢,内生的需求不足,无法支撑当地的可持续发展。以惠州为例,它的购房需求有50%左右来自深圳,一旦缺少外部需求的支撑,这类城市很容易陷入短期的快速下行。从数据上看,惠州2022年新房交易量同比降幅达到60%,是全国降幅最大的城市之一。

第二,开发商高杠杆、高周转、高利润"三高模式"走向终结。与美国和日本的危机表现形式不同,我国房地产危机的引爆点主要是房地产开发企业。美国房地产金融危机的引爆点来自居民过度加杠杆及以此为基础的金融衍生品过度创新。在金融衍生品创新工具的帮助下,居民抵押贷款被打包成金融资产进行杠杆交易,次贷危机爆发初期的2008年3月,房地产抵押贷款组合市场总值为6.06万亿美元,占银行信贷的比例高达69.6%。当贷款家庭支付能力出现问题,不能按期偿还贷款时,房地产抵押贷款组合就会变为有毒资产,整个金融系统都被卷入,引发次贷危机。日本房地产危机的爆发点来自实体企业和银行进行的大规模土地投机。1984—1990年，日本金融机构不动产贷款余额与制造业贷款余额比例由27%上升至74%，非金融企业土地资产占总资产比重由21%上升至32%，金融机构房地产抵押贷款余额占其贷款总额的比例由17%上升至25%，总额高达89万亿日元。1988年，日本全国地价平均上涨超过21%，三大都市圈地价上涨44%，东京圈地价涨幅高达65%。当加息和收紧货币政策时，土地投机企业还款能力下滑，进而抛售土地，地价房价大幅下跌，房地产泡沫破灭。

我国的房地产风险主要集中在开发商。过去20多年房地产开发企业高负债和高杠杆的发展模式是以高周转为基础的，一旦交易量下滑，销售回款减慢，很容易引起债务违约和信用评级下降，从而导致企业融资更加困难，偿债能力进一步减弱，陷入恶性循环。在这个循环之下，一旦杠杆过高的企业面临较大的偿债压力，出现信用危机，那么就会相应出现四个方面的风险：一是金融系统传导，使银行形成坏账，部分房地产相关债务占比较高的银行将受到冲击；二是房地产开发商破产将产生烂尾楼，影响社会稳定；三是房企债务危机向上下游产业链蔓延，导致整个房产业进入衰退期；四是房地产风险向土地市场蔓延，房企减少拿地，导致地方政府以土地为担保的债务出现危机。可以说，2022年我国住房市场呈现出来的交易量大幅下滑、开发商暴雷等种种问题正是这四种风险的显现和释放，这也意味着过往的"三高模式"已经彻底走到尽头。未来的时代不再需要那么多开发商，只有大型国央企和少数优质民企才有资格留在牌桌上。尽管2022年政府实施了一系列宽松政策以挽救岌岌可危的开发商，试图通过加大信贷和融资支持力度，以避免更多头部民企走向违约，但是政府介入的时机相对较晚，实际效果有限，这场调整似乎仍然没有结束。

第三，地方政府以土地谋发展的土地财政和土地金融模式不可持续。任何国家的住房问题，归根结底都表现为两个问题：一个是土地问题，另一个是金融问题。土地与金融的互动则构成问题的关键。具体到我国，单一主体垄断供应的土地市场决定了土地金融化问题会更加突出，地方政府是住房用地唯一供应方，价高者得的土地"招拍挂"是商品房用地唯一供应方式，开发商则是商品住房的唯一开发供应者。在这个机制下，地方政府把土地视为重要的收入来源。据统计，1999 年我国国有建设用地出让收入只有 514 亿元，2021 年全国 300 个城市土地出让收入超过 6 万亿元。进一步看，过去 20 多年，每平方千米的土地价值从 1 亿元提升到 18 亿元，地价的增速远远超过房价增速和收入增速。尤其突出的是，2008 年之后，土地出让收入占地方财政收入的比重一直保持在 40％以上，成为地方财政重要的收入来源，杭州、南京、济南、武汉等城市土地出让金与当地政府一般性预算收入的比例超过 100％。然而，这一切都在 2022 年发生根本性变化。从数据上看，2022 年土地成交量同比降幅超过 50％，国企、央企、地方城投是拿地的绝对主力，即便是资金情况相对稳健的民企，在拿地和新投资方面也处于极度谨慎状态。民营房企的优先选择仍然聚焦在偿还债务和保交楼两个方面，相对于拿地仍将十分克制。这就是当下的负反馈：交易量下行—开发商拿地热情减退—土地财政和土地金融传导链条中断—经济增速承压、居民收入预期减弱、加杠杆意愿下降—交易量螺旋式下降、房价预期进一步走弱。

总体上看，2022 年我国住房市场面临着短期内的交易下滑、债务违约、土地市场低迷等多重压力，从中央到地方已经实施了一系列放松政策，购房利率已经下降到历史最低水平，刚需和改善需求的首付比例已经明显降低,限购、限贷、限售等行政性限制政策也都逐步解除,但是新房交易量的恢复仍然十分有限,购房预期仍然十分脆弱。可以说,2022年房地产调控放松政策的真实效果与2008—2009年、2015—2016年的两轮刺激性政策的效果相比是十分有限的。这里的原因首先是房地产的"基本盘"已经十分庞大:2008—2009年那一轮周期,新房交易额的总盘子只有4万亿~5万亿元规模;2015—2016年那一轮周期,总盘子达到10万亿元规模,而这一轮周期的新房交易额已经达到18万亿元,如果考虑二手房市场的交易规模,两者合计已经超过了25万亿元的总规模。在这样的大体量之下,任何放松政策都很难起到显著的成效。其次,2022年的房地产市场下滑在很大程度上是因为内生的动力不足,我国居民杠杆率已经达到相对较高的水平,进一步加杠杆的空间和意愿都不大。特别是经济增长速度下降和收入增长预期减弱的条件下,人们对于贷款买房保持十分理性的态度,一些城市的全款买房占比甚至在上升,这也反映了人们的悲观预期。

因此,2022年注定是我国房地产市场发展史上的关键转折点。新房交易额在2021年创下18万亿元天量峰值后,不可避免地进入长周期下滑通道。然而开发商在过去20多年习以为常的高杠杆、高周转、高回报模式不可持续,一些头部房企的债务风险已经暴露,下一步的风险演变与处置方式仍待观察。很显然,一个高歌猛进的高增长时代落幕了。相应地,一个崭新的时代也缓缓开启了,这个新时代必将是二手房交易占比不断上升的时代、买方话语权更大的时代、换房和改善需求占比更高的时代。或许,新时代不是一个波澜壮阔的时代,却可能是一个更好的时代。

加速切换

我们的分析已经表明 2022 年必然是我国住房市场的一个关键转折点，它意味着住房开发和销售浪潮的终结、土地财政和土地金融的弱化，同时也暗含着一个重要的转变，那就是二手房市场的加速崛起。大面积蔓延的开发商债务风险使得大量新房项目出现烂尾、交付延期、装修降标等严重的风险问题，潜在购房者为了规避风险，一方面更多选择现房而不是期房，另一方面也有一部分需求转向二手房市场。特别是在买方市场条件下，上海、北京等一线城市的二手房在售库存量都已经超过 10 万套，重庆、成都等城市甚至达到 20 万套，庞大的二手房库存为人们提供了更广泛的选择，而且二手房周边配套更加成熟，可选择性多，业主降价空间普遍超过 10％。不仅如此，二手房可售房源具有更丰富的产品、位置、户型和价格多样性，从而可以满足不同人群的多层次购房需求。在这些因素的推动下，许多购房需求从新房市场被分流到二手房市场，加速了二手房交易的恢复与增长。于是可以观察到许多城市的二手房交易量将超过新房，正式进入二手房市场主导的发展阶段。因此，我们预测，我国住房市场的交易结构正在加速转向二手房，预计 2025 年二手房交易额将突破 10 万亿元。除了短期的周期因素之外，二手房市场加速崛起的驱动力来自以下两个因素。

一是存量基数的扩大。过去五年开发和销售的商品房将在未来五年逐步完成交付、入住、装修与居住的过程，从而为住房存量增加一个极大的"基数"；在换手率不变的条件下，由于存量基数的扩大，二手房交易量也将自然上升。据统计，过去五年我国新销售商品房超过 7 000 万套，这些商品房一旦进入交付使用周期,就会逐步变成二手房流通。预计这7 000万套住房带来的二手房交易增量将达到200万~300万套。

二是换手率的上升。未来几年我国存量住房套数将会超过3亿套,在"房住不炒"的主基调下,房价也不会像过去那样显著上涨。因此,对于二手房交易额影响最大的变量是流通率。2021年底美国存量住房套数为1.38亿套,历史平均流通率达到4.5%,最高超过7%,这意味着每年将会产生550多万套二手房交易,相比之下,新房交易量平均只有50万套。英国、法国、澳大利亚等国家的换手率也保持在4%~5%。我国换手率平均只有2%,远远低于正常水平。从境外经验来看,越是人口规模庞大、房价高的大都市,流通率越高,纽约、伦敦的流通率都超过5%,高峰时期甚至超过8%,相比之下,北京住房存量达到800万套,每年二手房交易量只有15万~20万套,流通率只有2%,大约只有国际大都市平均水平的1/3。

为什么我国的住房流通率这么低?主要原因有以下四个方面:其一是由于历史原因,我国房屋存量中包含着各种各样产权复杂的房子,例如央产房、军产房、公房、流通受限的限价房和经济适用房等,这些房子的流通率远远低于正常的商品房,甚至不能上市流通;其二是限购限贷、购房资质、抑制投资需求等调控因素的影响,制约了一部分需求的正常释放;其三是我国房屋质量比较差;其四是流通成本比较高,主要是流通环节的税收成本过高,而持有环节成本几乎为0。根据测算,全国平均交易环节税收成本为6%左右,高于美国、英国、日本的水平。相反,我国住房持有环节的税收几乎可以忽略不计,而美国住房持有环节税率达到3.2%,德国、英国也达到2.3%。

未来五年,随着住房政策的变化,特别是限售政策的调整,流通率将会逐步提升到 3‰～3.5‰。简单推算，2025 年前后我国二手房交易总量将超过 900 万套，交易总额超过 10 万亿元。彼时，我国二手房交易总额将在总体上超过新房，全国层面进入二手房市场主导的时代。

分化，分化

未来 5～10 年我国住房市场的显著特点是分化，不同城市之间的住房发展将会呈现越来越大的差异，甚至同一个城市不同区域、不同商圈之间的分化也会日益明显。从城市分化的视角来看：

第一，北京和上海两个最大的二手房市场进入成熟和平稳增长期。2009 年之后这两个城市的二手房交易量已经超过新房，率先进入存量市场。过去几年虽然有所波动，但北京的二手房平均交易量稳定在 18 万～20 万套，新房交易量只有 4 万～5 万套；上海的二手房平均交易量稳定在 25 万～30 万套，新房交易量保持在 8 万～10 万套。可以说，北京和上海已经进入二手房绝对主导的发展阶段。从未来的发展趋势看，这两个城市的二手房交易量都将进入平稳增长期，购房需求主要来自城市内部不同家庭之间的换房与改善，交易额突破万亿元级别，成为全国和全世界最大的二手房市场。

第二，新一线城市将进入二手房市场加速发展期，也将是未来二手房交易增长的主力。从数据上看，新一线 15 城总人口超过 2 亿人，其中 11 个城市的人口超过 1 000 万，这些城市人口规模庞大，且每年都在增长，属于人口净流入城市，其中中西部四城西安、郑州、长沙、成都等人口增长量最大。因此，总体上看，新一线 15 城未来的城市发展潜力巨大，是我国住房市场的主战场。从 2021 年的数据来看,这些城市住房交易总额达到 6 万亿元,其中二手房交易额为 2.5 万亿元。从最近几年的发展趋势看,新一线城市正处于二手房市场发展加速期,未来几年将以更快速度进入二手房市场主导的新阶段。

以成都为例(见图 1.2),2019 年二手房交易占比只有 37％,2021 年已经接近 50％,2022 年二手房交易量已经超过新房。除此之外,新一线城市也具有两个明显的不同点:其一,它们是过去五年我国新房交易量规模最大的战场,重庆、武汉、合肥、郑州等城市都是我国新房交易量排名最靠前的城市。以武汉为例,过去五年新房销售量累计超过 120 万套,按照 3％～4％的流通率,未来五年这些住房就可以释放 4 万套左右的二手房交易量,从而在很大程度上成为二手房市场快速增长的动力。其二,它们过去是、未来也将是我国最大的新房渠道市场。从数据上推演,未来几年新一线城市新房交易额仍将保持在 3.5 万亿元左右,假设通过中介或经纪人完成的新房交易占比超过 60％,渠道费率平均达到 2.5％,那么新一线城市的渠道费就会超过 500 亿元,加上二手房佣金,这 15 个城市的佣金体量就可达到千亿元级别。

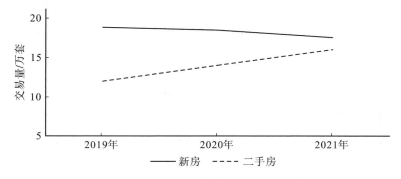

图 1.2　2019—2021 年成都二手房交易量

第三，三、四线城市的二手房市场发展总体上处于起步阶段，但是仍然存在一定的机会点。

我国的三、四线城市大致可以分为两类：

第一类是城市圈范围内与核心城市联动性强的三、四线城市，以粤港澳和长三角为主要代表的大型都市圈范围内，比如上海周边的嘉兴、嘉善、昆山等城市与上海、杭州两大中心城市都存在高度的互动，这些城市未来仍将吸引来自上海和杭州的外溢需求，新房和二手房都有一定的成长空间，同时这样的城市开发商对中介渠道的依赖度也比较高，渠道市场成长空间更大，渠道成交占比未来会超过60%。

第二类是中西部大省内与省会中心城市互动性弱的、独立型的、边缘型的城市，这些在人们的常识里属于人口净流出、没有增长空间，购房市场需求持续下降的城市。但是我们的微观调研表明，这些城市普遍还有一定的城市化空间，在未来的3～5年内购房需求将大致保持稳定，虽然很难大幅增长，但也不会明显下降。这些城市的购买力主要有以下三种：一是从大城市返乡置业；二是低等级乡镇转向县城/市区人口的购房需求；三是市区人口的改善置换。

在这些三、四线城市，农村和乡镇人口正在向更高一级的县城或地级市迁移，这个过程也支撑了这些城市的购房需求。研究发现，推动人口迁移的动力主要来自以下几个方面：首先是农村学校逐步荒废，农村普遍教育资源匮乏已是不争的事实。现在很多村里面的学校生源越来越少，常常一个班只有几个人，很多农村的家庭会选择把孩子送到上一级的县城或地级市学校上学。事实上，"学区房"的概念在这些城市也开始兴起。很多县城近几年启动了教育改革，按照户口所在地划片入学，这就意味着孩子如果在县城上小学则必须在当地买房。其次是在城市买房已经成为结婚的刚需。

农村的婚配要求也在快速提高,在县城有房产已然成为结婚的必备条件。

总体上看,大部分三、四线城市的住房市场未来仍然存在一定的发展空间,从结构上看,仍然处于新房主导的发展阶段,二手房交易与新房交易的比例将从目前的 20%～30% 提升到 50%～60%。

换房时代

如果说过去 20 多年我国住房市场的主要矛盾是解决"有房住"的问题,那么未来很长一段时间内的主要矛盾是解决"住得好"的问题。特别是中高收入家庭对品质住房的需求仍有很大的提升空间。这些家庭不再简单满足于"一宅一生",对产品质量高、配套设施全、社区服务好的"好宅"需求越来越大。一、二线重点城市进入"换房"阶段,人们通过二手房市场和存量住房流通,以小换大、以老换新、以远换近,一定程度上换房已经成为一种刚需,成为支撑未来房地产市场需求的重要力量。

换房时代的到来将会改变交易结构和资金流动的方向。

众所周知,在新房交易主导的阶段,购房者的首付和按揭款流向开发商,并经由开发商流向产业链的上下游和地方政府,支撑资金流通总量的前提条件要么是人们的收入增长,要么是人们的杠杆扩张。

然而,随着二手房交易占比的上升,如果潜在购房者不是选择购买新房,而是选择购买二手房,那么资金流动的方式就会发生巨大变化。具体来看,购房者的首付和按揭款一旦流向二手房业主,业主拿到房款之后,通常会选择换房,要么换新房,要么换更大更好的二手房,从而产生资金的第二次流通。如果这个业主选择换二手房,那么就会有第二个业主的房子被卖掉。同样地,第二个拿到房款的业主也可能会继续换房,从而产生第三次的资金流通,如此往复。在这个过程中,一次次需求被创造出来,从而催生更多的交易。

由此可见,在这个循环中(见图1.3),每当一个需求进入二手房市场,就会释放一个业主的置换需求,这个业主再去释放别的业主,需求层层激发、层层创造,可以说这里的需求具有自我扩张的"乘数效应"。

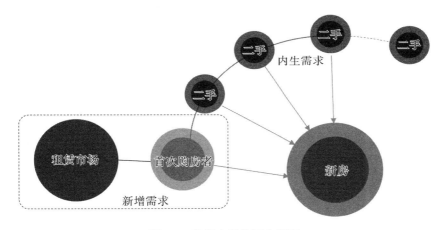

图1.3 住房市场的两个循环

进一步来看,如果这个"乘数效应"启动,就会发生以下几个现象:

首先,少量刚需入市可以创造更多的改善和换房需求连环。这也是我们无须对未来房地产市场产生过度悲观情绪的主要原因之一。在新房主导的阶段,市场交易量的支撑因素来自大量潜在的新增购房人口[①],这主要

---

① 1978—2021年,我国城镇化率从不足20%提升到65%,城镇常住人口从1.7亿达到9.1亿。换言之,1978—2021年每年城镇人口平均增加量超过1 700万。正是这样的人口增长速度支撑了新房销售的增长;反观未来,随着人口增速的下滑,新房需求必然会有所下降,但是在"交易乘数"的机制下,二手房市场完全有可能保持正常的上升态势。

源于城市人口的快速增长。然而,在二手房交易主导,特别是换房需求占比越来越高的情况下,"交易乘数"的作用机制决定了"少量"新增需求进入市场,就可以自发创造出更大的交易量。这也是为什么类似于美国、英国、德国等这样的成熟市场,即使城市人口不增加、老龄化很严重,还会产生大量的购房和换房需求,二手房市场交易依然非常活跃。

其次,越来越多的二手房业主才是新房市场的真正购买者,如果开发商不能提供优质的产品,就无法适应和满足未来的需求。目前越来越明显的一个趋势就是潜在的刚需群体更多会选择二手房市场,因为这些房源套均总价低,交通便利,周边生活设施相对完善,而新房供给则越来越远、越来越偏,交通不便。相反,换房和改善类客户对于住房品质的要求更高,这往往是那些老旧小区无法满足的,未来的新房供应需要更多侧重于满足这些人的需求。在这种情况下,刚需客户进入二手房市场,释放业主的资金和资质,使其进入新房市场完成换房需求。

买方市场

2022 年中国房地产市场的一个重大转变是买方市场的到来,这将是一个更加长期的转变。从卖方市场向买方市场的转变,不仅意味着买方话语权的增加,也意味着交易逻辑的根本改变。

我们可以用一个简单的对比来说明这个问题。在卖方市场下,一个城市一个月成交 5 000 套二手房,它所对应的库存量可能只有 5 万套,库存去化率为 10%;在买方市场条件下,房源待售量大幅增加,随着新房市场的冷淡和二手房市场的成熟,该城市一个月的成交量有可能上升到

10 000套,但是它所对应的库存量会骤升至20万套,当月的库存去化率只有5%。这种变化意味着:其一,只有差异化产品才能获得交易的机会。对于二手房而言,产品的差异化通常表现在物况、价况、人况三个方面,物况差异化代表着产品的功能属性具有明显的优势;价况差异化代表着相对的性价比,参照在售可比房源或历史成交房源,产品具有明显的价格优势,定价合理,调价及时,底价符合潜在客户的预期;人况代表着业主参与度和配合度的差异化,交易一定是买方、卖方、经纪人三方互动的过程,业主的参与和配合等对于交易的推动非常关键。因此,"三况"决定了产品差异化,差异化决定了经纪人的关注度和潜在客户吸引力,最终决定成交的概率。其二,成交趋于分散。例如,北京有1.4万个盘,有交易的盘8 000个,但是70%的交易量集中在头部1 000个盘,成交高度集中。然而,随着买方市场的到来,以及买方换房范围的扩大,过往的成交热点可能会变淡,例如"老破小"和"学区房"的交易已经开始变冷,成交会在更多的新热点、更大的范围内被再次分布。其三,买方的话语权增加,议价能力上升。议价率是指挂牌价与成交价的谈判空间,它是衡量市场冷暖变化的指标。通常情况下,如果议价率大于10%,可称之为买方市场,市场过冷;如果议价率保持在5%~6%,称之为中性市场,买卖双方势均力敌;如果议价率小于3%,称之为卖方市场,市场过热,卖方强势,买方弱势。买方市场条件下,降价成交是一种常态。

除此之外,在买方市场条件下,市场下行的力量往往来自微观预期的转变。人们的情绪远远要比利率下降和信贷宽松更重要,导致交易量下跌的主要原因是心理性的,因为下跌,所以下跌。预期不变,市场难以发生实质性变化。正因如此,我们才会看到2022年虽然中央政府出台了一系列放松政策,购房利率已经降低到历史最低水平,首套和多套房的首付比例在许多城市也已经大幅度降低,但是这些政策的效果依然十分有限,交易量恢复的节奏十分缓慢,一直处于底部徘徊的阶段。购房的主流群体是刚需客户,这部分人群对价格十分敏感,需求急迫度极高,买房是为了结婚、小孩上学等非常客观的因素。相反,对于那些换房和改善需求群体而言,急迫度明显不足,迟迟不愿入场。背后的关键原因是过去三年,我国城市中产遇到了多重冲击,经济增速持续下行对他们的家庭收入带来冲击,三年防疫让许多中小创业者失去了多年以来的积累,对教培等行业的打击也让许多人直接失去了就业机会。所有这些都从不同角度冲击着中产家庭的购房预期。他们是换房和改善需求的主体,这个群体手握大量存款,也是最大的购买力来源,他们对于未来的预期不好,就会导致更少的支出和更多的存款。央行统计数据显示,2022 年中国居民存款新增 17.5 万亿元,创历史新高,这也显示中产家庭的选择是增加储蓄,这是预防性储蓄。在经济持续低迷甚至萧条,人们对未来收入不乐观的情况下,储蓄的边际价值提升,此时即便存在低利率借贷的机会,人们的行为也会非常谨慎。换言之,经济下行破坏了买房所必不可少的良好心理状态。只有随着时间的推移、记忆的淡忘、经济的恢复,人们的买房热情才会恢复。

从根本上说,经济周期也许是一种心理现象。只有等到艰难时世的记忆逐渐淡去,人们才能完全树立信心;只有信心膨胀到肆无忌惮的地步,交易才会戛然而止。无论是股票市场,还是住房市场、艺术品或其他商品市场,都存在着一个基本的循环:价格上涨会吸引购买者的注意力,从而产生推动价格进一步上涨的效应。因此,因为价格上涨的乐观预期被证实是合理的。循环过程会持续下去,乐观情绪成为常态,价格甚至会涨得更高。然而,一旦价格上升到一定高度,或遭遇负面的冲击,人们的情绪也会陡然变化，变得悲观，价格从升到降，交易量快速下滑。直到人们的记忆淡化，新一轮周期才会再次启动。历史上每一次住房周期都是类似的演绎节奏。

居住服务

随着住房绝对短缺问题的解决，人们对住房的核心需求已经不仅仅是简单的住房物理空间，还包括更有品质的物业服务、更便利的社区生活服务、更和谐的邻里关系，以及更加安全高效的房屋交易、出租、改造、维修等住房衍生服务。因此，未来的房地产行业不仅仅包含投资开发，不只是交易服务，而是会转变成一个以居住为中心的服务业。自然而然地，围绕居住产业链也将会出现非常多的专业化服务角色。例如，围绕交易，会产生专业的房屋摄影师、VR拍摄师、房屋评估师、签约服务专员等；围绕房屋出租、管理、装修、改造，会产生物业管家、保洁、搬家、维修、装修等专业角色。

从现实情况看，人们的居住品质仍然存在诸多挑战，居住服务的升级空间极大。例如，我国物业服务覆盖率只有65%，大量的老旧小基本没有物业服务；而且整体而言，消费者对社区物业服务的质量普遍不满意，调查显示，接近60%的居民对物业不满意。再比如，北京楼龄在20年及以上的老旧小区中超六成小区无电梯，16%的老旧小区没有集中供暖，20%的老旧小区绿化率在30%以下，26%的小区无门禁系统；老旧小区普遍没有人车分流，超七成的老旧小区车位配比不足1；40%的老旧小区物业不具备资质。许多城市的小区绿化率不足30%，一线城市中北京市小区绿化水平最低。因此,未来一段时间,我国住房市场需要解决的一个问题就是不断提升存量住房的品质。也只有这样,才能满足居民不断提升的居住需求。在这个过程中,围绕房屋的翻新、改造将会是一个非常可观的市场。

不悲不喜

以悲观者的心态审视市场,将会看到一系列令人沮丧的因素。开发商债务危机甚至有可能引发新一轮经济或金融危机。2022 年最大的风险是开发商债务违约。如果房价和地价持续下降,2023—2025 年开发商债务危机将会演变成地方政府的财政危机和商业银行的金融危机,甚至会导致一部分居民的住房变成"负资产"。客观地讲,这些风险在未来几年都是存在的,甚至是不容忽视的。经过 20 多年蓬勃发展,中国房地产市场已经进入一个完全不一样的周期。

以乐观者的心态观察市场,我们同样也可能看到一系列积极的因素。2000 年中介行业起步之时,我国存量住房面积只有 50 多亿平方米,2021年已经达到 350 亿平方米。这是一个庞大的基数,意味着需要被服务的业主已经大幅度增加了,未来可供出售的房源供给量也被显著放大了。2000 年我国住房交易总额只有 5 000 亿元,2021 年达到 25 万亿元的历史峰值。未来若干年新房交易额虽然将会有所下降,但预计将会稳定在 10 万亿元左右,二手房交易额将会增长到 10 万亿元,未来仍然是一个超过 20 万亿元的大市场。在房价上涨速度趋于平稳的情况下,虽然大量的投资投机需求已经离场,住房的金融属性已经大幅度弱化,但是随着居住属性的回归,人们对于居住品质和居住服务的要求也不断提高,这也将重新定义中介行业的服务范围和发展空间。随着城镇化速度放缓和人口出生率下降,刚需不可避免地出现下降,同时我们也将看到换房和改善需求的上升。

因此,真正重要的不是市场,而是我们如何看待市场。在最好的市场也有失败者,在最差的市场也有成功者,关键是我们如何理解市场、适应和创造市场。

需求的转变

消费者购买的从来都不只是一件商品或服务，
而是需求的满足。

——彼得·德鲁克

购房需求决定了购房者对经纪人服务的需求，购房需求的变化也决定了购房者对经纪人专业和服务能力要求的变化。在微观层面，只有研究清楚购房需求的形成过程，才能明白购房决策的制定过程，并由此探寻购房者对经纪人和经纪服务的内在要求。在中观层面，只有确定主流的购房需求特征和不同人群的需求差异，才能确定公司的细分市场和目标市场，从而制定公司的战略和策略，不断形成经纪公司的核心竞争力。在宏观层面，只有准确判断购房需求的总量特征和未来趋势，才能判断中介行业的总体发展方向以及中介服务的内涵与外延。因此，我们将从研究购房需求开始，展开对未来发展方向的探索。

购房需求的本质

让我们从最原始的问题出发：客户为什么会买房？买房需求的本质是什么？

一切真实需求皆源于需要、欲望和动机。人们总是有很多需要，它们主要来源于两个方面：一些是生理需要，是由生理的紧张状态引起的，例如饥饿需要吃饱、口渴需要喝水；还有一些是源于心理的，是由心理的紧张状态所引起的，例如人们的内心总是渴望获得认可、尊重、归属感。

当需要指向能够满足它的具体对象时，就变成了欲望。如果说人们的需要具有普遍性，例如，人人都需要房子来满足居住的需要，那么我们的欲望在很大程度上却是由社会、文化和经济属性综合塑造形成的。例如，当人们产生住房这种需要时，它可以指向租房，也可以指向买房，在 1998 年之前那个福利分房的时代，住房的需要等同于对于分房的欲望或期待。因此，我们会观察到，有的国家会形成租房主导的居住体系，例如德国超过 50% 的家庭通过租房来解决住房问题；有的国家则会形成购房主导的居住体系。我国超过 85% 的城市家庭通过买房解决住房，相对于英国和美国等成熟国家 60%～65% 的比例，我国呈现出非常显著的"重购轻租"倾向。由此可见，住房欲望具有很强的社会属性，且是动态变化的，在不同阶段和不同条件下，欲望的"具体指向"或"指向对象"也会发生变化。

进一步来看，当欲望达到一定强度而驱使我们采取行动时，就变成了明确的动机，动机本身具有方向性，即选择一个而非另一个；也具有强度，人们会用可多可少的金钱或精力去追求目标。最终，当欲望确定，且可被支付或买得起时，就构成了真实的需求。很多人想要拥有一套属于自己的住房，却只有很少的人能够买得起。

一旦我们明白了需要、欲望、动机是如何梯次决定最终需求的，我们立即就会理解几个不言自明的事实：首先，无论是对于生产和销售新房的开发商或者是销售二手房的经纪人，需要先于销售而存在，销售本身并不创造需要。一个经纪人可以向一个城市精英推荐一套豪宅以满足他对社会地位的需要，然而经纪人却无法创造他对社会地位的需要。相反，虽然不能创造需要，销售人员却可以激发和满足人们对住房的需求，甚至还可以设法去影响需求的水平和时机。其次，销售员永远不能让人们购买他们并不想要的东西，因此我们说经纪人的基本工作是销售，销售的本质是说服，而说服的核心则是通过信息和服务的"输入"，让潜在客户逐步揭示、认清和认同自己内心的真实需要和动机，从而推动客户形成最终的需求和决策。因此，优秀的经纪人之所以具有很强的竞争优势，主要是因为他可以帮助客户确认自己到底想要什么，并让这种需要方便地得到满足。再者，开发商或经纪人不仅要衡量有多少人想要买房，更要衡量实际有多少人愿意且有能力支付，这背后取决于首付能力和房贷条件。短期内房贷利率的下降和贷款额度的增加会强化人们的购房能力，但是长期的支付性根本上取决于"未来收入"的创造能力。如果一个人难以相信未来的收入会持续增长，那么他今天很可能就不会大胆地使用房贷。

至此，我们已经解释了购房需求的形成过程，它是特定社会和经济条件下，由人们的需要、欲望和动机引发而形成的、可被支付的消费者行为。

那么，我们进一步思考，购房需求到底包含哪些具体的内涵？房子这种商品到底有什么不同的属性呢？在一定程度上，正是因为房子这种商品的独特属性决定了购房需求的鲜明特点，它们两者一起"框定"了经纪人这个销售角色的定位和差异化要求。

马斯洛需求层次理论是解释人类动机和需求的经典，他认为人们的需要是按照迫切度从高到低排列的，从最底层的生理需求到中间层的安全需求和社会需求，再到上层尊重需求和自我实现需求。人们总是率先满足基础的底层需求，再转向中上层的需求。一个饥饿的人最先想到的是吃饱，在满足这个需求之前，他的全部心智都集中在食物的获取上，甚至梦中想到的、抑或回忆起来的事情也会是一顿美餐，此时他不会对音乐和艺术产生任何兴趣（自我实现的最高需要），也不会在意别人对他的看法（尊重需要和社会需要），甚至不会在意他呼吸的空气是否洁净（安全需要）。同理，一个居无定所、漂泊在城市的人，他需要的只是一个遮风避雨的地方，这个时候的他会选择租房，甚至可能会合租或群租，租住在城中村、农民房、地下室，这个时候房子于他而言只有最简单的物理属性，等同于木板、钢筋、水泥的结合体，通水、通电，可以洗澡即可，空间无论多么拥挤都不重要。这是多年前我国 3 亿农民工的真实写照，他们的孩子、配偶、父母很可能都在农村，他们如候鸟一般往返于城市与农村之间，无法形成长期稳定的居住需求。一个留在城市工作多年的大学毕业生，住房对他而言，不仅意味着一种生理需要，也是一种安全需要。他很可能会动用一切条件或者父母的"钱包"尽早买房，因为租房不仅是不安全的，随时可能被房东驱逐，而且租房是没有社会归属感的，也很难得到别人的认可。一个成功的城市精英，不但要买房，而且会非常在意住房的邻里关系、社区配套，因为住房代表着身份、圈层和地位。当然，一个优秀的企业家，则需要一套豪宅来为他奋斗和成功的人生做注解。

由此我们可以看出，不同的人或者人生的不同阶段，对居住的需求是极其不同的。刚需住房满足的是人们对居住空间等物理属性的需求，它反映的是人们的生理和安全需求。婚房和学区房反映的是人们对爱、家庭和归属感的需求,除了物理属性之外,还会对学区的确定性、交通的便利性等提出要求。有品质的改善住房满足的是人们对尊重、认可和社会地位的需求。豪宅主要满足的是人们自我实现的需求。总体上看,需求的等级排列越往上,价格敏感度越低;越往下,价格敏感度越高。从消费心理学上观察,价格敏感度的高低对于消费决策的理性和感性权重有直接的影响。对于住房而言,越是豪宅消费,价格越不敏感,而且难以被明确定价的元素越多,感性决策的权重会更大。我们无法对邻里关系和社会圈层定价,更无法对自我实现的感受定价,房价本身隐含了非常多的感性成分。因此,住房消费一定是理性与感性的综合,有时候人们的购房决策是感性做出的,理性无非是为感性的决策提供依据而已。明白这一点对于经纪人的工作来说太重要了,这意味着经纪人的服务一定要超越理性才能创造非凡的客户体验,这当然更意味着信任非常重要;既然存在非常多难以被定价的元素,那么经纪人所提供的专业服务就是一种定价的参考基准、一种可以被信任的"专业认证"。此外,感性成分也决定了购房需求的个性化程度,感性的知觉和情感因素会影响人们对房子的评价,也会影响对经纪人的评价。

此外,经济学家凯恩斯的观点值得深思,他认为经济问题有两个截然不同的组成部分。一个是绝对需求,例如食物、水、温暖等,这些需求是普遍的、绝对的,对每个人来说都是平等的。尽管这些需求至关重要,但是它们不是无止境的。毕竟,当你足够暖和的时候,再加一把火会将你灼伤,或者当你吃饱了,再多吃一些会让你感觉不舒服。一个是相对需求,这些需求往往反映了人们的无穷欲望,例如与邻居攀比、工作晋升、更气派的房子、更好的车、更大的权力等,它们是无限的——一个需求被满足,很快就会被另一个更大的需求取代。从这个视角来看,购房需求属于相对需求,具有更多社会属性和地位属性,邻里关系、社会关系、地位感、永不满足的追求等因素在塑造人们的购房需求时发挥着关键作用。在这种情况下,人们的购房动机很可能是为了提升社会地位,缩小与别人的差距。

绝对需求容易满足,相对需求无穷无尽。房子,也是如此。

购房决策三要素

一旦清楚了什么是购房需求以及它的形成过程,接下来的问题自然就是:购房需求是如何引致购房决策的? 购房的决策取决于什么因素? 一个有购房需求的潜在客户要不要购买? 何时购买? 立刻买还是选择等待?

这里,我们提出一个购房决策三要素模型:需要和动机、能力和资质、意愿和急迫度(见图 2.1)。

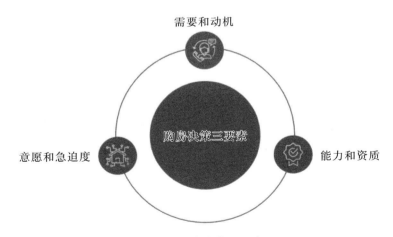

图 2.1　购房决策三要素

首先，需要和动机反映的是需求的方向和强度，绝对的动机创造绝对的买家，主导性需要则决定了买房的大方向。购房需求几乎隐含了马斯洛需求的所有层面，住房本身又包含了非常丰富的"集合元素"：房子在物的层面是有形产品，包含户型、面积等物理元素；在价值层面又包含位置、地段、交通配套等不可替代的元素，它决定了这个地方未来会不会吸引更多的潜在买家，从而更容易转手流通，并实现价值增值；在资产层面还有非常多的无形元素，如抵押债务、产权明晰度等；在社区和邻里关系层面，它也决定了人们的居住和生活体验；此外，它还有很多附加的相关权利，如学区、医疗资源等。

那么，问题就来了：既然房子这个商品有这么多复杂的元素，每一种元素又代表着不同的需要，那么什么才是决定住房购买决策的核心动机？

这里我们提出两个概念：一个是核心利益，它反映的是一个产品的核心属性是否真正满足消费者的某种真实需要，核心利益才是潜在客户真正期望购买的属性；一个是期望利益，它反映的是一个产品的核心属性与其他非核心属性叠加在一起的"总得分"。通常情况下，如果一个产品的核心利益非常突出，其他利益也不弱，或者说至少是平均值，那么就很有可能触发消费者购买行为。例如，对于一个酒店房间，它的核心利益是睡眠和休息，这意味着它应该有一张干净的床和一定程度的安静。除此之外，是否有台灯、电视、干净的洗浴用品等构成期望利益。如果一家酒店不仅可以满足核心利益，还会满足一部分期望利益，那么就会创造更多的购买量和更高的客户满意度。

购房需求和购房决策也一样，学区房的核心利益是学区的确定性，其他属性的价值都是建立在这个基础上的。投资客的核心利益是升值的确定性，其他一切都没有那么重要。刚需的核心利益是价格足够便宜，期望的利益是装修条件好,可以随时拎包入住。

另外,需求动机的触发方式也会有所不同。没有房子的时候,人们的买房动机是自然而然存在的,且是强烈的,随时都在寻找满足需求的机会。一旦有了房子,尽管人们都对住房不满意,都有换房和改善的潜在需求,但是什么时候换、换哪里、怎么换等问题都是隐含的,尚未显性化。在这种情况下,如果经纪人缺少持续服务,这种隐含需求就很难被触发,他们的需求很可能被延后或抑制。当前及未来一段时间,住房消费市场最大的现实就是几乎所有人都对自己的居住现状不满意而又无所适从,因为缺少合适的解决方案而一再忍受着令人不满的居住条件。这个中间的矛盾就需要经纪人通过专业的服务,不断发现和激发人们的需求动机,满足其对居住品质的需求。

其次,能力和资质反映的是有效购买力和购买资格。大部分国家对于购房资格没有太多的限制,我国过去几十年实施了非常复杂的调控政策,有时也会对人们的购房资格进行周期性的限制与放松,并对首套、二套、多套房等设置不同的首付门槛、房贷利率和贷款额度,这些条件又按照普通住房、非普通住房、限价房、共有产权房等不同的产品属性进行不同的限制。这些限制条件是纷繁复杂的,且是易变的、费解的,即便是最为专业的销售人员有时也无法解释清楚,这也明显增加了从需求到购买进行转换的交易障碍——它既限制了潜在购房者的数量,也增加了有意向的购房者实施购房行为的难度。

然而,我们有时候会发现,即便政府对购房资格的限制条件已经明显放松了,人们恰恰又不会或不敢购房了。这种现象的背后是有效购买力问题,有资格而没有能力也无法形成真正的购买。那么有效购买力取决于什么因素呢?

一方面，它可以是指个人购买力，也可以是指家庭总购买力。从我国购房者的具体情况来看，60后、70后、80后的第一代和第二代购房者更多需要依赖于个人的能力买房；90后、00后的第三代购房者则可以借助于家庭的能力买房，也就是人们常说的"六个钱包"或"六个房包"，父母不仅可以为子女的买房提供首付或月供支持，也可以将自有的多套住房出售，帮助子女凑齐资金。也正是这个因素，我们才会发现，在北京这个房价很高的城市，一次性付款的购房者比例反而很高。像北京这样的城市，如果人们的购房能力主要取决于家庭总能力，那么经济周期的波动或者个人收入的下降就不会对购房需求形成太大的负面冲击。这正是2022年我国房地产市场发生的典型情况。全国大部分城市的购房者，由于收入下降或者对于未来的收入预期不乐观，纷纷放缓了购房行为，只有北京一枝独秀，保持较为稳定的交易量。

另一方面，人们的购买力来自首付能力，也来自贷款能力，这两者最终取决于人们的收入预期，人们不可能无限加杠杆，房贷额度的上限取决于收入偿付月供的能力。当经济周期向下、失业率上升、收入增长速度放缓时，人们会主动去杠杆。例如2022年为了应对大幅度下滑的房地产市场交易量，我国政府从各个角度放松了贷款条件，房贷利率达到历史最低水平，首套房的首付比例要求也已经很低，对于二套房和多套房的融资条件也已经明显放松，但是人们不但不会继续加杠杆，反而有一部分已经买房的人会借助于这次难得的机会，通过信用贷、装修贷、经营贷等方式获得利率更低的新增贷款用于提前偿付原本利率过高的存量房贷。这一切都源于人们对未来的收入预期不乐观，收入的不确定使得那些有真实需求的人也不愿意轻易入市，更不敢轻易加杠杆。

再者，意愿和急迫度反映的是人们购房的时间窗口和急迫度。它决定了购房决策的时间框架,是选择立即购房,还是选择等待。有时候,潜在的买方具备很强的有效购买力和购房动机,也有可能因为急迫度较低而下不了决心,上行的市场担心错过、下行担心买贵,他们的购房意向会随着市场的变化而波动,有时强、有时弱,有时进一步、有时退一步。因此,专业的经纪人必须时刻有频率地跟进这种变化,才能把握最好的时机,助推购房决策的达成。

总体上,购房决策是这三个要素的综合体现,三者之间相互联系,缺一不可。这其中最不确定的是意愿和急迫度,它决定了购房的时间窗口。在市场下行周期,这个因素的存在会加剧市场的波动,如果一部分潜在购房者对未来的市场走向不乐观,导致购房的急迫度不足而犹豫不决,迟迟不愿意入市,那么盲从和从众效应的存在会加大这个因素的影响力,从而导致市场总体交易量的"骤停"。此外,一些非理性的心理因素也会使得急迫度这个变量不容易把握。例如,人们普遍存在心理上的损失厌恶效应,它是说有两个原因会影响人们的购买行为——希望获益和害怕损失,如果说希望获益有 1 倍的动力,那么害怕损失就有 2.5 倍的反方向作用力。换句话说,害怕损失比希望获益的心理作用强大 1.5 倍。2022 年我国房地产市场交易量的大幅度下降,与这个损失厌恶效应有很大的关系,潜在的购房者既担心房价下跌的潜在风险,也担心开发商降价带来的买贵的风险,更担心新房不能如期交付的烂尾风险以及新房交付后的品质下降风险,这一系列潜在的损失风险的叠加加剧了潜在客户的担忧,从而导致有史以来最大的交易量降幅。在这种情况下,客户缺少的不是购买力,也不是购买动机,他们缺少的是信心。这个时候需要有人告诉他:"没问题,现在可以买。"如果房子本身可以满足客户的核心利益,且性价比很高,专业的经纪人就应该给客户传递信心,促进他们下定决心,不要等待太久，一旦市场好转，潜在的买家就不得不与更多的买家竞争想要的房子，从而错过对他最有利的时机。这个时候，经纪人的核心功能不是谈判撮合，不是信息传递，而是为客户"增信"，用专业的数据和分析向客户传递信心，确认时机。

一次完整的购房旅程

当具备购房力的潜在购房者在内外部因素的激励下，购房动机上升到一个临界点，就会转变成一种即刻入市的行动力，于是，一次步步惊心、如履薄冰的购房旅程就开始了。

通常情况下，消费者从做出购买决策到完成购买过程以及购后行为的全流程被称为购买旅程。显然，它首先是一个过程，需求确定、信息搜索、方案评估、完成购买、购后行为，按先后顺序大致分为五个阶段，如图2.2所示。然而，现实中的购买过程并非一个简单的线性过程，往往不会按部就班地依次完成这五个阶段。在任何一个阶段，消费者都有可能因为接收到新的信息而重新审视之前的决定，甚至有可能放弃这次购买。不同于其他消费品的购买，住房是具有很强资产属性的耐用品，它的交易属于典型的低频、高客单价。普通人的一生买不了几次房子，一次买错的代价极其之高，特别是当房价的未来走向充满不确定时，人们做出购房决策和完成购房过程有可能是一次不断反复、多次试错、逐步迭代的过程，整个过程充满着焦虑和不安。作为经纪人，也时常会发现客户是易变的，总是需要反复带看，反复确认，甚至在即将成交的临门一脚时都有可能发生突然的反转。也正是因为这个充满变数的动态过程，经纪人之间的竞争也非常激烈,自己服务了很久的客户很容易被别人抢走。理解这一点,经纪人就必须制定非常完整的服务计划,在购房过程的各个阶段都要建立不同的接触点,以稳定的频率和节奏主动接触客户,并时刻响应可能的变化,保持高质量的信息输入和专业服务。因此,在整个购房过程中,无论是购房者,还是经纪人,都是步步惊心、如履薄冰的。

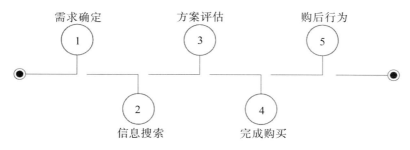

图 2.2　购房旅程五个阶段

总体上看,这五个阶段中,信息搜索阶段是非常重要的,只有充分了解信息,才能前置地做出更正确的选择。

当购房者开始行动时,他的第一个任务就是大量的、密集的信息搜索。他既要判断在哪个区域和板块买房,选新房还是选二手房,还要确定找哪个品牌的开发商或中介买房,也要选择一个值得信任的新房销售或二手房经纪人。因此,在整个过程中,购房者实际面临着三个选择:选房、选品牌、选人。因此,他面临的信息密度是极高的。

通常情况下,购房者的主要信息来源可以分为几类:

一是垂直类媒体,如北京搜房信息科技股份有限公司、安居客、诸葛启航(苏州)科技有限公司、贝壳找房科技有限公司等,它们都是房地产这个品类的专业信息提供平台。

二是公共媒体,如抖音、知乎等媒体或社交平台上也有大量的专业人士提供房地产相关的信息。

三是线下门店和经纪人。虽然线上化发展迅速，但是并没有明显取代门店和经纪人的价值。事实上很可能由于线上化的发展，人们对于经纪人和门店的信息价值的需求更多了、要求更高了。

四是个人信息渠道，如家人、亲戚、朋友、同事等，也包括个人之前的购房经验或其他人的经验及产品和服务评价等信息。

不同渠道的信息含量、信息价值量都是不同的，它们对于购房者的影响方式也是不同的。通常而言，他们接收最多的信息一定来自开发商或经纪人的"轰炸"，这些或真或假的信息多到令人反感，甚至变成了打扰和困扰。在这种情况下，最为有效的信息往往来自个人的经验、熟人的评价和推荐以及中立权威的公共信息渠道。有时候购房者宁愿相信抖音、知乎、小红书或 B 站上的"大 V"，如果这些专业人士被人们认为是独立的第三方且不参与交易、不赚取交易佣金，那么他们的意见就有很大的分量和深远的影响。相反，因为开发商、中介和经纪人的利益相关性，人们往往会拒绝相信他们提供的商业广告信息，普遍存在的假房源进一步加大这些信息的不可置信度，也破坏了整个行业在客户心中的口碑。

每种信息渠道对于购房决策的影响是不同的。开发商、中介公司以及房地产垂直网站等商业来源往往发挥着信息传递或信息输入的作用，而个人来源的信息则发挥着评估和判断的作用。如果经纪人不能被客户信任，很可能发生的一个情况是：客户会通过很多经纪人大量地了解信息，但是会找他的亲朋好友进行评估或验证，甚至会和曾经服务过他的老经纪人确认和判断。

总体上，在信息搜索这个阶段，购房者同时面临着选房、选品牌、选人的三重决策。在过去 10 多年，房价持续单边上涨，房少客多，对于购房者而言,选到房、买到房甚至抢到房是最重要的,品牌和人的重要性并不明显,或者说,中介品牌的重要性取决于它的可售房源多不多、全不全、真不真,这背后又取决于它的门店的覆盖率有多高,经纪人规模有多大。而随着住房市场达到总量平衡,甚至达到供大于求的水平,市场上到处都是待售的房子,人的重要性就会明显上升,品牌的差异化也将日益突出,"因人及房"的时代逐步到来。在这样的时代,购房者最重要的选择是找到专业的经纪人,并和经纪人一起,在茫茫"房海"中不断筛选和匹配,直到找到最能满足核心需求的房子,制定高效的购房方案,并最终完成购买。

那么,如何才能让潜在购房者找到并相信经纪人呢? 这将是未来最为重要的命题。从经纪人的视角看,这个问题就是:为什么是你? 为什么你值得被选择? 如何找到你?

消费行为学理论表明,人们的心智是有限的,普通人的心智不能同时处理七个以上单位的事务,这就是为什么能牢记的事项往往只有七项。如七位数的电话、世界七大奇观、七张牌的扑克游戏以及白雪公主与七个小矮人。同样,人们在进行购房决策时,能够想到的经纪人数量也不超过七个。美国房地产经纪人协会的研究表明,美国购房者通常只会选择三个经纪人,其中第一个被想到的经纪人占据超过 60％ 的心智份额,第二名只有 10％,第三名和其他所有人加在一起只有 30％。意识到这一点,我们就会发现,成为第一是经纪人最好的生存与发展策略。优秀的经纪人应该持续连接、开发和维护潜在客户,通过专业和服务建立信任,在客户心中建立良好的印象,成为第一个被想到的人。

千人购房量

我们已经从微观层面分析了购房需求、购房三要素和购房过程,解释了单个个体的动态购买过程,这有助于我们对潜在购房者的所思、所想、所为有一个相对全面的了解,也有助于经纪人更好地理解和满足他们的需求,从而创造真正的客户价值。

如果把视角放大到中观层面,一个城市的购房需求又将如何呢？我们提出一个概念——千人购房量,它反映的是一个城市每1 000个人中,每年有多少人通过购买新房或二手房满足居住需求。在美国绝大部分城市,2000年到2020年期间,千人购房量的平均值为20,也就是说每1 000个美国人每年大约有20个人购房了住房,其中90%的人买了二手房,10%的人买了新房。悉尼、墨尔本等澳大利亚的大城市,千人购房量的历史平均值接近30。虽然有人经常说中国人最爱买房,但其实中国所有城市作为一个整体的千人购房量只有15。过去10年的买房浪潮中,深圳千人购房量的平均值只有8,北京、上海、广州分别只有12、14、15,香港、台湾分别达到了14、24,如图2.3所示。作为对比,柏林超过50%的人通过租房解决居住问题,可以说柏林人是最不爱买房的,但是柏林的千人购房量也达到9;纽约、伦敦、东京等大城市都超过12。由此可见,中国人的购房需求并没有想象的那么强烈,特别是一线城市的购房需求是被明显抑制的,与其他国际大都市相比,千人购房量明显偏低。这里的原因既包括新房供应不足,也包括政府对购房需求的人为抑制。

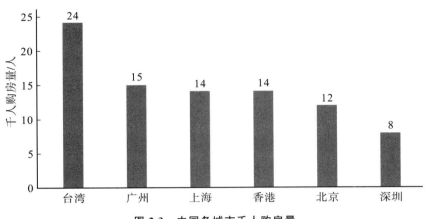

图 2.3　中国各城市千人购房量

　　除了不同城市购房需求的简单对比，围绕千人购房量，有一个非常重要的研究结论值得重点说明，那就是：给定一个城市的既定条件，在一个相对较长的大周期框架内，千人购房量的均值是稳定的，或者说一个周期之内的交易总量是相对确定的水平。我们都知道购房需求的释放节奏是有周期的，周期是有时间框架的，有的周期长，有的周期短。然而，无论周期长短，在城市的市场，除非出现特别大的干扰因素，在既定的周期框架内，一个城市的市场交易总量是恒定值，我们把这个现象称为"总量中性"。以北京市场为例，一般的周期往往是 3 年，在这 3 年里，虽然某一年交易量大，某一年交易量小，然而 3 年的交易总量是相对稳定的，大概是 50 万套左右。相比之下，上海的周期差不多也是 3 年，但是上海的交易总量大概是 70 万套左右。

　　总量中性对于中介公司的经营策略具有非常重要的意义，它意味着一个公司的开店策略应该立足于大周期的交易总量，而不是跟随市场的周期波动而频繁开店或关店。例如香港中原地产的发展策略是开店开到亏损为止、关店关到盈利为止。这或许是一种务实的策略，但在很多周期波动频繁的城市，不容易发展出规模，甚至规模会越来越小。对比之下，信义房屋中介股份有限公司的策略是有多少合格的店长开多少店，不随市场"闻风起舞"，增长向内看，不向外看。这种发展策略既是稳健的，也是适合台湾市场的，所以信义房屋中介股份有限公司以每年10％左右的速度扩张，持续保持市场第一的位置。北京链家房地产经纪有限公司的策略是上行周期开店、下行周期尽量不要关店，或者下行周期调整门店，小店换大店、位置差的店换成位置好的店，基本保持"爬楼梯"策略，开一年、休整一年、再开一年，这样就能在一个大周期的轮回里，实现阶梯式的规模增长。

因此，市场的调整并不可怕，无论是对于经纪人，还是对于经纪公司，留在牌桌上最重要。无论调控多么严厉，我们都应该相信市场的交易总量是中性的水平。虽然市场有周期，交易量有可能在短期内被抑制，却不会在长期内消失。只有相信总量稳定，中介公司才能立足长期制定健康的发展策略。

三次需求大爆发

现在我们将对购房需求的分析转向宏观视角。前文已经指出购房需求具有很强的"社会性"，无论是作为单个决策主体的潜在购买者，还是一个城市的住房总需求，在很大程度上都与特定历史条件下的社会、经济甚至文化因素有很大的关系。从宏观层面分析与回顾我国购房需求的几个大阶段（见图 2.4），有助于我们更清楚地判断行业未来的大方向。

图 2.4　三次需求大爆发

在 1998 年之前，我国实施了福利住房政策，更确切地说是福利租房政策。那个时候只有极少数的人拥有自己的住房，从 20 世纪 80 年代才开始产生一些零星的买房行为，主要是一小部分个体工商户，绝大部分民众既没有钱，也没有意愿购买商品住房。总体上，1998 年之前是租房文化占据主导的时代。

1998 年的住房改革打破了这一切，政府开始全面取消福利租房和福利分房，实施住房商品化和市场化，人们需要从市场上通过购买商品房来解决居住需求，从而引发了第一次购房需求的释放和爆发。这一次的需求释放大概持续了十年，直到 2008 年全球金融危机。于今回顾，这十年是中国住房史上非常健康的十年，在此期间，城市化率加速上升，大量农村人口从农村转向城市、从农业转向工商业，城市化和工业化的双重加速推动了经济持续增长和人均收入持续上升。特别是 2003 年前后中国加入世界贸易组织（WTO），中国制造业融入全球贸易体系，东南沿海城市进入超常规发展阶段，城市人口在快速膨胀，人们的购房需求也开始加速释放，越来越多的开发商登上历史舞台，为人们提供商品房。中介行业也开始从深圳和上海等个别城市开始萌芽，早期的经纪人开始为人们购买二手房提供服务。简单总结，这十年是我国购房需求开始集中释放的阶段,城市中一部分企业主、管理者以及率先实现富裕的中产阶级开始接受商品房的概念,购房意愿的觉醒和收入的增加推动了购房需求的爆发。更为重要的是,这十年的房价虽然有所上涨,但是涨幅十分温和。以北京二手房价格为例,1998 年平均不足 5 000 元/米^2,2008 年也只有 1.1 万元/米^2,10 年上涨约 1 倍。考虑到居民收入增长速度更快,这个阶段的房价收入比非常稳定。从交易结构看,这个阶段是新房交易绝对处于主导的阶段,从 1998 年到 2008 年我国一共新建和销售商品房超过 7 000 万套。二手房交易主要集中在京、沪等几个一线城市。1998 年北京二手房交易量只有 1 万套左右,2008 年达到 8 万套,增长了 7 倍。

2008 年是我国住房发展的关键转折点,这一年从美国开始的"次贷危机"演变成全球性金融危机,并对我国经济增长和金融安全产生了强烈的负面冲击。为了应对危机,我国启动了史无前例的"四万亿一揽子刺激政策",其中最为重要的措施之一是通过放松房贷条件大规模刺激购房需求,从此进入快速的加杠杆周期,这个过程持续到 2015 年。此期间最为突出的特征是金融化、加杠杆,刚需加速入场,投资性需求开始爆发,房价快速上涨,房价收入比恶化。为了抑制房价的上涨,缓和购房压力,政府开始以更大力度和更快节奏干预市场的运行,住房调控开始常态化,时紧时松,几乎 3 年一个周期,市场频繁振荡。从数据上看,居民的杠杆率从 2008 年的不足 20% 提升到 2015 年的 40%,北京和上海等一线城市的房价同期涨幅超过 3 倍。从新房交易量来看,1998 年到 2008 年这十年的平均交易量,只有 3.5 亿米^2/年;2008—2015 年这个阶段的平均交易量达到 11 亿米^2/年。从二手房交易量来看,以北京为例,1998—2008 年,北京这十年的平均交易量只有 4 万套,2008—2015 年的平均交易量突破 10 万套,也正是在 2008 年这一个标志性年份,北京和上海的二手房交易量超过新房交易量，从此进入二手房主导的时代，这为中介行业的发展奠定了非常强的市场基础。

2016 年又是一个关键的年份。从这一年开始，我国房地产市场运行的基本逻辑开始发生根本转变。政策上，"房住不炒"成为主基调，稳房价始终都是一个主要的调控目标，这意味着政府对房价快速上涨的容忍度越来越低。特别是经过十几年的持续加杠杆，我国城市家庭的杠杆率已经超过60％，接近金融安全的警戒线，已经到了不可持续的临界点。开发商的债务水平也一路攀升，越来越高，持续多年的高杠杆、高周转、高利润模式难以为继。所有这一切都意味着房地产的金融属性和投资属性必然要被显著弱化，房子要以更快的速度回归更基本的居住属性。由此，从 2016 年开始，我国实施了连续 5 年的持续调控，对购房需求从各个维度进行全面的收紧，限购、限贷、限价等一系列难以想象的行政干预政策频繁出台，对开发商则实施严格的去杠杆政策，主动限制开发商的债务增长速度。甚至在新冠肺炎疫情暴发的几年，调控政策也未曾明显放松。即使在这样的背景之下，我们的购房需求依然一路高歌猛进，持续增长，以至于 2021 年新房交易总额达到了 18 万亿元的天量，二手房交易额也达到了 7 万亿元。

转至 2022 年，又将是一个历史性分水岭。这一年我国新房市场结束了长达 10 多年的主升浪，交易量出现了 40％左右的下降，个别城市的降幅甚至超过了 50％，房价也出现了 10％左右的下跌，人们的购房预期完全逆转。尽管政府取消了以往的诸多限制性政策，人们的购房热情还是"启而不发"，购房需求持续低迷，这使得 2022 年成为 1998 年以来交易量降幅最大的一年。这一年中国召开了党的二十大，为未来十年的住房发展提供了明确的指引，"租购并举"再次被强调，并将成为未来十年的主基调。

总体上，经过 1998 年以来超过 20 多年的持续大规模住房开发和销售,我国9亿城镇人口已经告别了住房短缺的状况,人们的住房质量和居住品质也得到显著提高。随着住房面积的扩大,独立的卫生间和厨房已经十分普遍,一些住房甚至还为主卧、客卧等分别配备了卫生间,客厅变得更宽,书房、娱乐等功能也逐渐融进了居住空间。此外,我国住房成套率已超过80%,小区生活设施配套齐全,居住环境日益优美,物业管理服务不断升级,人们的居住生活更加舒适、方便和安全。缺房少房的时代已经结束,一个新时代已经来临。人们对居住的需求也将展开新篇章。

新需求时代

展望未来10年,购房客户、购房需求、购房决策等方面将会产生持续的变化。

第一,客户购房年龄在增长。这背后的原因是多方面的,例如年轻人受教育年份延长、高房价推高结婚成本、社会竞争激烈、就业压力大、婚姻观念改变等,所有这些都会导致初婚人数的下降和初婚年龄的增长。据统计,2013年我国结婚登记对数为1 346.93万对,2021年结婚登记对数为763.6万对,连续8年下降。同样地,过去10年来,初婚年龄已经由25岁左右发展到突破30岁,例如2021年安徽省初婚年龄已经达到33岁。

从贝壳找房科技有限公司统计的客户购房年龄同样也可以得出这个结论。2021年北京链家购房客户的平均年龄达到了38岁,中位数为36岁,30～39岁的客户占比最多,占比约为53.1%,40～49岁占比为18.3%,而18～29岁仅仅占15.7%,如图2.5所示。另外数据还显示,30岁以上北京购房客户的女性占比超过男性。

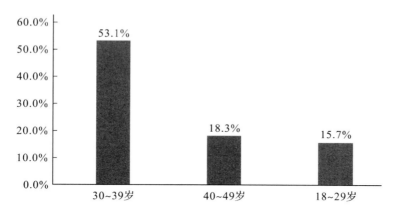

图 2.5　2021 年北京链家购房客户年龄段占比

第二,90 后、00 后新一代互联网"原住民"逐步成为购房的主力军,他们的信息获取方式、购房决策过程以及对居住的需求本身都在发生深刻的变化。当购房群体从以 70 后、80 后为主转变为以 90 后、00 后为主时,信息搜索和找房路径正在发生变化。为了规避经纪人的功利性信息输出,获得真实客观的决策信息,知乎、小红书、抖音"大 V"、主播等成为信息获取、信息咨询、信息加工处理的第一站。通过这些新型的互联网媒体和渠道,年轻的一代可以轻松地获得城市信息、商圈信息、市场数据、学区信息等各种决策信息,这些新的渠道开始部分取代经纪人,成为这些新兴人群获取专业信息的重要渠道。这些渠道在诸多方面都可以为潜在购房客户提供多维度的决策信息。

首先,这些新型渠道可以帮助客户正确识别和判断购房需求和核心利益,并根据资金预算、房贷条件等决定在哪里买房、能买什么房。

其次,大量的互联网渠道提供了非常丰富的城市板块分析和学区分析、市场行情数据、新房和二手房等不同品类产品的优劣势分析,也可以提供更为具体的决策信息,如有哪些可选的小区、楼盘以及具体的小区参数

（居住人群、绿化情况等），不同小区的入学概率、升学派位情况等。这些决策信息的存在有助于购房人群更为精准地锁定商圈和小区，从而在经纪人带看之前就可以形成购房决策，这也部分取代了经纪人的功能。

第三，购房者对于深层次和多元化信息决策提出更加强烈的要求。在过去十几年房价单边上涨的条件下，买到即赚到，购房决策模型非常简单，地段因素占据绝对权重，地段决定了房价和房价涨幅。对于当下及未来的潜在购房者，随着房价涨幅的放缓，甚至在房价存在下跌风险的情况下，人们的购房观念从增值向保值转变，购房决策更加理性和谨慎。加之新一代购房人群往往接受过高等教育或有海外留学背景等，他们的信息获取能力、信息分析能力都很强，对于低阶信息的需求下降，对于更深层次的、有价值的、能够直接用于决策的高阶信息的需求上升。我们研究发现，这些高阶信息包括但不限于以下关键内容，如图 2.6 所示。

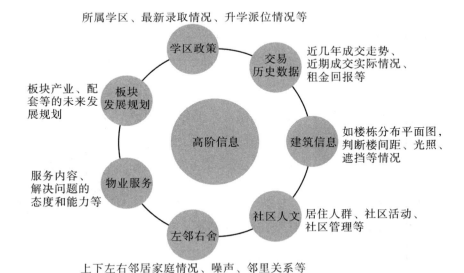

图 2.6　高阶信息

很明显，以上这些信息点呈现出多元化、深层次、个性化的特点。例如板块发展规划、学区政策、交易历史数据等信息通常用于判断目标住房的功能性和保值性，而建筑信息、社区人文、左邻右舍、物业服务等信息则在很大程度上影响潜在购房者的居住体验。

第四，从购房需求本身看，换房和改善需求日益成为主流，特别是在一线和核心二线城市表现得更为明显。这个趋势也将重构人们的住房决策过程。一方面，从购房经验看，换房和改善类客户一般都有一次或多次置业经验，他们属于成熟型客户，对经纪人的知识储备有更高要求，希望经纪人能够匹配合适房源、讲解市场趋势、预估换房成本、提供价格建议等。另一方面，换房和改善需求大多属于连环交易，交易涉及的参与者比较多，流程复杂，潜在风险大，这些都对经纪人的专业能力提出了新要求。同时，换房和改善类客户有着较为稳定和广泛的社会网络，通常情况下，他们会找自己熟悉的经纪人，或者是经过身边的朋友推荐优秀的经纪人。那些注重优质服务并且能够和客户保持长期关系的经纪人能够获得稳定持续的成交线索，而那些不注重客户服务和维持客户长期关系的经纪人将很难生存与发展。

第五，人们对于住房的资产保值、资产优化的意识正在觉醒，这构成购房需求决策的新变量。首先，过去 10 多年人们经历了真正意义上的经济大周期和房价大周期，房价单边上涨带来了资产的长期升值。然而面向未来，随着房价的波动和住房的分化，优劣资产开始分化，有的住房资产可能会持续缩水，有的价格可能持续上涨。例如一些城市的外围区域、非优质板块的住房价格已经出现结构性下降，还有一些单纯的学区概念的住房因为之前的泡沫过大也开始明显回调。相反，一些有品质的稀缺资产则表现良好，甚至逆势上涨，例如 2019—2022 年，一线城市的豪宅资产呈现明显的上行趋势和独立行情。

展望未来,随着宏观层面社会和经济环境的变化,中观层面潜在购房者收入和融资条件的变化,购房需求本身也将不可避免地发生结构性变迁,这一切将会导致购房者对经纪人的服务需求发生根本的变化,从而导致中介公司竞争优势转变,以及整个中介行业的服务内涵与外延都将发生重大调整。

未来仍然具有非常多的不确定性,也无法完全预测,但是唯一可以确定的是消费者永远都是最终的和根本的指挥棒,正是购房者自身决定了中介行业的过去,也必然指引着行业的潜在发展方向。

3

人的转变

人是寻求意义的动物。

——柏拉图

人是一切的中心，世界的轴。

——培根

人只有靠教育才能成人，人完全是教育的结果。

——康德

中介行业本质上是以人为中心的服务业。从服务体验上讲,经纪人与买卖双方的互动关系决定了消费者满意度;从公司经营上讲,经纪人的成本占到总成本的70%左右,中介公司的利润取决于人的效率与人的成本之间的差额,中介公司的经营本质上是人的经营。可以说,一切始于人,一切终于人。因此,经纪人问题是中介行业和中介公司的第一问题。到底什么人适合成为经纪人?如何培养经纪人?随着市场需求和服务需求的变化,面向未来的人才模型到底是什么?这些都是我们需要回答的底层问题。

第一代经纪人

自 1998 年我国住房改革以来,伴随着房地产交易的市场化,中介行业从无到有,从有到优,目前已经发展到大约 150 万名经纪人的从业规模。那么,过去 20 多年,这些经纪人从哪里来?作为一个群体,他们身上具有哪些特征?

大致上,我国经纪人的来源可分为五种,如图 3.1 所示。

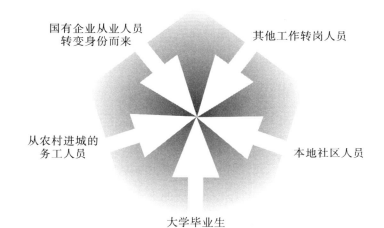

图 3.1 经纪人的来源

一是国有企业从业人员转变身份而来。1978 年改革开放以后,最早的一批中介行业从业人员是由城市房地产部门的一些工作人员和退休人员构成,他们是行业中最早的一批从业者。由于当时房地产市场还在市场化的探索阶段,这些早期的经纪人从业并不规范,主要从事政策模糊地带的换房业务。

二是从农村进城的务工人员。1998—2015 年是我国中介行业的发展壮大阶段,大部分一、二线城市的经纪人是城市化进程中从农业人口转为城市人口的年轻人,他们大多数能够吃苦耐劳,具有强烈的自我激励意识,希望通过自己的努力赚取收入,并在城市中站稳脚跟,实现安家立命。他们非常拼搏进取,任劳任怨,服从管理,对工作和公司较为忠诚,为行业发展贡献了重要力量。

三是大学毕业生。1999 年大学扩招以后,每年新毕业的大学生高速增长,大学生从短缺阶段进入就业难阶段。从 2008 年开始每年有 500 万以上新毕业的大学生,除了少数"985 工程""211 工程"等重点大学毕业的大学生具备一定的择业优势之外,其他院校毕业的大学生很多都面临着就业难的问题。那些薪酬具备相对吸引力的一、二线城市,在行业发展壮大的过程中吸收了大量的新毕业大学生。目前一线城市的从业人员中,部分中介公司的经纪人本科学历占比超过了 50%,北京和上海链家超过 70%。

四是本地社区。三、四线城市对外来人口和大学生都面临吸引力不足的问题,当地的从业人员主要由本地居民构成,他们不需要为漂泊而打拼,他们熟悉当地的一切,在工作和生活的平衡中为当地居民提供贴心细致的服务。

五是其他工作转岗人员。关于职业发展的相关统计表明,一个人在 30 岁之前处在职业的探索阶段,当他发现职业不适合自己的发展时,就会准备进行一些新的选择。目前优秀经纪人的年龄大多超过 30 岁,在从事这个行业之前很多人都有过其他一些工作经历。

目前 150 万名经纪人群体大约 20% 在大型直营中介公司任职,直营品牌公司以链家、深圳市乐有家房产交易有限公司为代表主要以招聘年轻的大学生为主,这部分群体学历高,年龄小,对网络和科技工具应用熟练,主要分布在一线和核心二线城市;另外一类直营品牌,例如我爱我家和香港中原地产等,员工构成较为丰富,经过多年的沉淀,积累了一批经验丰富的老员工。其余80%的经纪人主要分布在全国各个城市的加盟店和各种小型店面,主要以社招、当地社区居民和宝妈为主,他们年龄较大,女性占比高,有着丰富的生活经验和人脉关系。

　　总体上,我们可以把这些来源广泛的经纪人称为第一代经纪人。过去20多年我国处于前所未有的城市化进程中,前面10年,每年有大量的农村转移城市的人口;后面10多年,每年有近500万～1 000万名大学毕业生。另外每年还有几千万要重新更换工作的社会求职者,这些广泛的求职者为中介提供了充足的人才供给。同时,也正是这些中介行业的第一代从业者,既经历了市场红利巨大、行业发展迅速的阶段,在个人职业发展和收入层面取得了一定的成功,也为中国过去20多年的租房者、买房者、卖房者等提供了相应的服务,在一定程度上产生了社会价值。据统计,中国每年有过亿套的普遍租赁需求在经纪人的帮助下得到及时的满足,每年有超过1 000万套的二手房和新房在经纪人的努力下得以顺利出售,千万城市家庭因为有经纪人的帮助完成了自己的置业梦想。可以说,经纪人这个群体在解决人们居住生活方面做出了相应的贡献。

　　当然,反过来看,中介行业的快速发展也为普通人超越平凡、实现梦想提供了机会。"百万年薪不是梦,28岁成为城市总经理",从中介公司的招聘广告中我们可以看出,中介行业的吸引力主要是收入高、成长快。另外,一些优秀的中介公司已经打造了良好的企业文化,帮助这些年轻人树立良好的价值观和人生观,为他们的职业发展注入了强大的精神力量。我们知道绝大多数经纪人都是普通人,没有光鲜亮丽的高学历背景,家庭条件一般,大部分人没有更好的选择,抱着试试看的态度进入了中介行业,但他们用自己的勤奋和拼搏,努力赚钱,融入城市,他们成功的故事进一步吸引着那些和他们一样的普通人。在一定程度上,中介行业是充满希望的地方,是平凡人通过自身的努力实现社会阶层攀爬、向上跃升的舞台,也是少数几个能够给普通人实现财务回报的行业。正是因为能够在平凡世界中具有不平凡的魅力,中介行业激励着一代又一代的年轻人前来尝试、突破自我。特别是在一线城市,优秀经纪人的收入普遍具有竞争力。据统计,2022 年北京几家中介公司的经纪人收入基本可以达到社会平均工资的 1.2 倍,店长收入的平均值可以达到社会平均工资的 3 倍以上,中高级管理层的平均收入可以达到社会平均工资的 5 倍以上。因此,一线城市的经纪人收入已经超过了当地的社会平均工资,管理层的收入也可以达到中高收入群体的水平。收入的吸引力吸引着越来越多的高学历和高素质的人才。据统计,北京链家和上海链家的经纪人拥有本科学历者占比均超过了 60%,上海链家每年有几百名具备"985 工程"或者"211 工程"等高学历的毕业生加入,也有一些从国外知名院校毕业的留学生加入。这些人才的到来为从业人员的整体素质提升以及行业形象提升起到了一定的促进作用。

除了收入,中介行业也为年轻人的职业成长和发展提供了广阔的舞台。过去 20 多年,中介行业和中介公司在时代红利的推动下高歌猛进,早期进入行业的年轻人,在自己的努力下,一部分已经成为公司的高级管理者,甚至晋升为公司的合伙人。如果经纪人不想为别人打工,中介行业的多元性也能为他提供门槛较低的创业机会,使他成为有独特个性的品牌主或者成为一家加盟店的店东。据统计,我国有 20 万家以上的门店,绝大多数为独立拥有的个体创业者门店。

此外，从职业形象和行业口碑上看，尽管行业早期因为侵害消费者利益而背负了不良中介的口碑，但经过一代代从业人员的艰苦努力，经纪人的职业认知正在发生改变。很多年轻人在进入行业之前，往往对行业有误解和偏见，认为中介行业不规范的地方有很多；但当他们真正进入之后，往往会被不赚差价、不发布虚假信息、诚信、合作等职业守则和职业伦理吸引，进而对行业的认知发生很大的变化，经纪人的职业精神正在形成和发展中。

突出的问题

尽管我国中介行业的经纪人规模已经达到 150 万左右，在诸多方面也取得了一定进步，但是经纪人的整体素质并不高，专业能力不足，经纪人职业体验差，社会地位和职业尊严都有待提升。正是在这种情况下，愿意长期留在这个行业的经纪人并不多，消费者和社会大众普遍对经纪人这个职业依然不能用正常的眼光看待。总体上，经纪人的职业化发展还处于较低水平。这表现在以下四个方面（见图 3.2）：

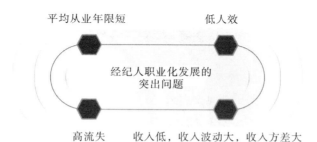

图 3.2　经纪人职业化发展的突出问题

第一，平均从业年限短。在美国、英国、澳大利亚等独家委托占据主导的国家，经纪人的生意本质是时间的生意，只有从业时间变长，变得专业、赢得客户的信任，才能有稳定的独家委托和稳定的收入。在一定程度上，时间等于金钱，老人才有生意，新人几乎无法独立存活，只有成为老人的助手或"跑腿"。所以，经过时间沉淀下来的经纪人绝大多数都是老人。在美国，从业超过 14 年的经纪人占比达到 40.6%（见图 3.3），经纪人工作年限的中位数是 12 年；平均年龄超过 50 岁，60 岁以上占比最高，达 37.8%。

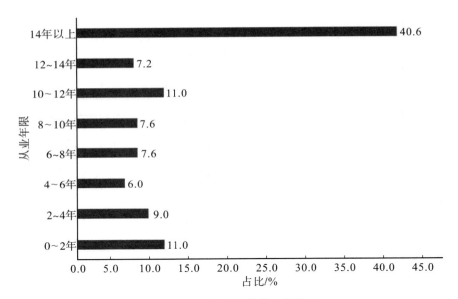

图 3.3 美国经纪人从业年限分布

数据来源：美国房地产经纪人协会。

而在中国，67.7% 的房地产经纪人工作年限不超过 2 年，新入职经纪人一年后几乎全部流失，70% 的经纪人年龄低于 30 岁。这背后的根本原因是我国多家委托制度下，经纪人的权益得不到任何的保护，经纪人对未来的职业发展和职业回报无法形成稳定的预期，大部分人从事经纪行业往往是迫于无奈、别无选择；即使进来，也不愿意在专业和服务上投入，在单子随时有可能被对手甚至同事"切走"的情况下，大家的竞争往往集中在距离成交最近的"一厘米"。更加严重的后果是：在这场恶性的成交争夺战中，输家和赢家都有可能离开行业——输的人没有收入，撑不下去，必然会选择离开；赢的人，虽然得到了收入，却得不到客户的认可与激励，无法成长与发展，因此，这部分人一旦赚钱了，也有可能离开这个行业。如果这部分人不离开，他们对行业和客户的长期伤害可能会更大；正是这部分所谓的老手往往会自己开店做店长，会培养更多与他们一样的人，使整个行业趋向于丛林化、狼性化。

第二，低人效。经纪人的平均开单量取决于三个因素：一是通过中介完成的房屋交易总量，二是经纪人的产能总量，三是经纪人的服务内容和工作时长。

从我国的现实情况看，二手房每年成交约 600 万套，通过中介完成的比例为 70%～80%；新房每年成交约 1 500 万套，通过中介渠道完成的比例约 20%。两者合计约 750 万套，中国大约有 150 万～200 万名经纪人，平均成交单量为 4 单左右。这是从总量角度的低人效。从周期角度来看，市场上行时，由于经纪人准入门槛很低，经纪公司又普遍采取高提成的招聘策略，经纪人很容易在短期内迅速进入市场，稀释成交，这也意味着在市场好的时候，人效也很难提升。

对比来看，美国二手房交易量长期保持在 550 万套左右，90% 通过经纪人成交，全职经纪人约 130 万名，人均年度成交单量为 4 单。但是考虑到美国是双边独家委托制度，房源方和客源方只能独家委托一个经纪人，这也意味着经纪人之间虽然存在一定的竞争，但总体上是合作的，内卷没有那么严重。我国的情况恰恰相反。在多家委托和中间人机制下，竞争发生在与成交相关的每一个环节,一个业主或客户委托多个经纪人,这本身已经导致大量的重复劳动,加上恶性的低佣竞争,每个经纪人之间都是相互防守的状态,导致更多无谓的内耗。因此,对比来看,每一单子的累计时间总投入是远远大于美国的,我国经纪人每天的工作时长是美国的2倍。因此,虽然我国和美国经纪人的人均单量差不多,但是时均成交单量却只有美国的1/2。从时均工作效率的角度看,在总成交量不变的情况下,一个可能的方向就是减少内卷和恶性竞争,避免经纪人过度的时间投入和无效工作。

此外,经纪人工作效率还取决于经纪服务的内容界定。以澳大利亚为例,经纪人主要服务于业主,属于单边独家委托,客户要想带看,可以联系经纪人自行前往,不满意再联系下一个经纪人。大量的线下带看成本被社会化,由客户自己完成,经纪人的工作量会大幅度降低,但是人均成交单量很高。据统计,澳大利亚经纪人每年的平均单量超过10单。相比之下,在我国这种中间人机制下,带看是经纪人最为重要的工作,且随着成交周期的延长和带看转化效率的降低,带看成本会变得更高,这也必然会导致经纪人效率更低。

进一步对比,在经纪业务成熟的国家和地区,经纪服务的内容通常只限定在签约之前,签约交易过程由其他专业角色完成,并收取相应的服务费用。例如,在美国,签约后,资金监管公司主导交易流程,参与主体众多,并单独收费,所有交易环节的总费用大约为2%。以英国、日本以及我国台湾、香港为代表的市场,第三方司法主体主导交易流程,如英国的产权律师、日本的司法书士、我国台湾的地政士及香港的房屋律师,承担合同文件制作、产权核验、缴税、过户登记等职能,英国产权律师与我国香港房屋律师还承担资金监管职能。相比之下,我国大陆的经纪服务内容几乎覆盖全流程,签约后的许多交易服务大多都需要经纪人的办理或陪同。

综合来看,与其他国家和地区相比,我国大陆经纪人的效率低,而且在每单上的时间投入更多,服务内容也更广泛,这导致经纪人的职业体验远远差于其他国家。

第三,高流失。经纪人的流失分为两种情况:一种是全职变兼职。例如在美国,由于经纪人准入需要考试和牌照,很多人虽然有资格,并没有把经纪人职业作为全部的收入来源。他们会在市场变好时涌入市场,其他时间从事其他工作。一种是没有准入门槛,经纪人的流失属于行业性流失。这在我国特别普遍,每年超过 100% 的总流失率,大部分经纪人不是离开某个公司,而是直接离开行业。这里既有准入门槛低的原因,也有行业认同度低、收入低、收入不确定等各种原因。据统计,我国大部分中介公司的经纪人月均流失率超过 10%,在长春、南昌等城市的经纪人月均流失率超过 15%。

经纪人的流失与市场交易量、行业竞争以及中介公司的招聘和薪酬体系都有非常大的关系,除此之外,也与经纪人的个体选择有关系。经纪人的岗位特点是需要有强大的自我驱动力和感同身受的同理心,同时还要有一定的经济基础才能够承受行业波动带来的不利影响。很多年轻人抱着试试看的态度进入行业,由于缺乏内在激励或者缺乏耐心,从而导致半路退出的情况大量出现。

第四,收入低,收入波动高,收入方差大。经纪人收入低有多种表现形式:一是绝对收入低。据统计,全国大部分城市的经纪人平均收入只有当地社会职工平均工资的 60%,如图 3.4 所示。只有北京和上海等少数城市达到 1.2 倍。相对于较低的收入水平,经纪人的生活成本、住房成本和展业成本却是稳定上升的,这让经纪人的工作和生存压力不断增大。二是相对收入低。人们都有多种工作选择,哪怕一个普通的蓝领工人也有机会从事快递、外卖、专车等服务业。对比来看,新入行的经纪人收入远远达不到这些行业平均水平。三是收入的不确定性。经纪人的收入主要来自交易佣金的提成,但是交易本身是高度波动的,随着市场和竞争的变化而变化,这导致经纪人收入呈现高度的不确定性和周期性。四是收入与投入不成正比。经纪人工作强度大,工作时间长,经纪人每开一个单子,需要工作 1 000 多个小时。据统计,我国经纪人每周工作时长超过 66 小时,远超过发达国家 44 小时的工作标准。从每天工作时长看,许多经纪人需要工作 10 小时以上;即使下班之后,经纪人还需要通过线上微聊等继续服务客户;在大家周末休息或节假日休息的时候,往往也是经纪人最辛苦的时候。

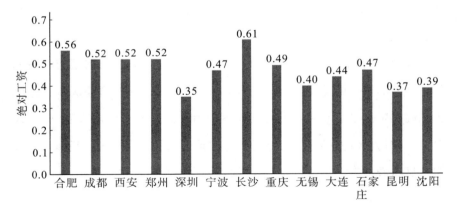

图 3.4　各城市经纪人的绝对收入(与当地社会平均工资的比值)

除此之外,经纪人之间的收入方差远远大于其他服务业,呈现出典型的"二八法则"。在一个收入普遍较低的行业,出现极大的收入差距,高收入经纪人的收入往往是普通经纪人收入的 5～10 倍,这可以说是中介行业非常突出的特征。

总结而言，这些问题的背后存在着一系列深刻的行业根本性的机制问题——既有底层的制度设计问题，也有中介的公司管理问题。例如，行业进入无门槛，导致从业人员供给过剩。经纪人缺乏执业认证和职业资格制度，客户选择经纪人时无法判断其专业能力和服务能力，从而导致社会对经纪人的身份无法做出有效区分，在经纪人群体良莠不齐的情况下会导致整体经纪人的社会地位低下，从而也导致整体的客户口碑差，不愿意支付中介费。此外，由于经纪人和客户之间缺乏明确的委托代理关系，客户往往可以自由选择多个经纪人为其服务，但最后只选择一名经纪人成交，其余经纪人付出劳动但得不到任何回报。这种机制会让经纪人感觉到工作得不到认可的强烈失落感，从而对工作的意义和兴趣产生很大的负面情绪。还有一些问题是中介公司的管理不规范造成的，例如经纪人在社保等方面的合法权利得不到保障，经纪人在自身利益得不到保障的情况下容易出现急功近利的违规行为。例如，行业内超过一半的经纪人无社会保险，在退休金和医疗保险无保障的情况下，会导致经纪人的行为利益短期化。在劳动时间无法得到有效保障的情况下，经纪人会因为工作时间过长，产生职业倦怠。

供应链的重构

为了解决经纪人职业体验差、长期职业意愿低、专业能力不足、流失率高等问题，必须从根源上来将制约经纪人长期发展的一些障碍去除。只有为经纪人打造一个安全、稳定、有尊严的发展环境，广大的经纪人群体才能够稳定下来，他们才能安心地提升专业能力，激情饱满地为客户提供更加优质的服务。为了解决行业发展的顽疾，我们需要系统性地解决经纪人供应链多个环节的问题，不断推动经纪人的专业化和职业化。

第一，增量与存量的平衡。过去 20 多年中介行业在经纪人供应链问题上的工作主要侧重在招聘新人阶段，公司在新人的招聘、培训、底薪等方面付出了大量的精力，在成熟经纪人的知识更新和专业技能提升方面的投入较少。在经纪人的总供给已经出现了产能过剩的情况下，中介公司的人才发展工作需要严格控制新人的入口，招聘和筛选潜在人才，并把他们培养成优秀经纪人，放弃以往那种大进大出、什么人都招、招后不管不问、任其自由搏击的模式。同时，在严格控制新人增量的条件下，重点转向放在存量的运营上，把更多投入和精力放在存量经纪人的培养和提升上，运营存量为主，新增为辅。存量群体和增量新人都需要通过职业资格准入来提升知识水平，通过不断升级的职业资格认证体系来加强经纪人的执业能力。关于这一点，既需要政府和行业协会提供必要的制度变革，更需要中介公司或中介平台通过严格的进入和退出管理，以不断提升经纪人的执业规范和职业伦理，通过划分作业权限和作业范围来加强经纪人之间的分工合作能力，通过系统化的培育体系提升经纪人群体的综合素养，从而实现经纪人职业和身份认同，最终促进社会对于经纪人这个职业的广泛认同，从根本上推动经纪人群体的职业化和专业化，提升经纪人的社会归属感和认同感。

第二，从一个工作到一份职业的转变。大部分经纪人在初期进入这个行业的时候，往往是抱着找一个工作的态度，只想通过自己的努力获得相应的报酬，至于为客户提供什么样的专业服务、创造什么样的价值，并没有清晰的认知。企业往往只对新人进行简单的培训后就安排上岗，新人在上岗之前，应该具备什么样的职业规范和专业操守，必须掌握哪些专业知识和服务技能，绝大多数企业都没有清晰完善的定义和标准。

那么到底什么是职业化呢？学术界的研究认为职业化是运用专业化手段提高从业人员综合素养，使从业群体形成共同的专业知识结构和规范行为方式，使其具有社会责任感和专业操守的职业整体发展过程。根据这个定义，经纪人的职业化必须做到掌握行业共同的专业知识，具备一定的作业技能，有规范的行为方式，并能够遵守职业操守和职业伦理。

按照职业社会学的划分标准，可以将社会工作群体的职业化发展划分为三个阶段，即工作阶段、职业阶段和专业阶段。目前我国经纪人正处在职业化发展的初期阶段，整个群体距离专业化发展还要经历知识结构化、教育体系化、职业分工明确和职业认同感高等必要的过程。中介行业经过 20 多年的发展，从业者对工作标准和工作内容已经有一定的共识，社会对经纪人的认知也有一定的共识；但是作为一个整体，从业群体仍不具备完整的知识结构，为客户提供服务的过程中，也无法展现出明确的执业能力，对职业规范也没有形成共识。尽管差距很大，但是改变的机会也是存在的。150 万名经纪人虽然分散在许多品牌和线下门店，但是却集中在贝壳、58 安居客、头条等三家线上平台。这些平台原则上有能力通过身份验证、作业标准审核、违规处罚和优秀经纪人激励等机制进行规范和管理，在推动经纪人职业化和专业化的道路上有所作为。

从中长期来看，通过行业协会、中介平台、中介公司和第三方培训服务平台的共同努力，为了持续提升经纪人的职业化和专业化水平，我们可以努力实现四个方面的转变。

一是新人的融入和学习阶段。在这个阶段，新人的主要任务是熟悉和了解工作内容和流程，掌握必备的基本专业知识，考试合格后方可进行一些简单的辅助性工作或者租赁业务。为了适应更加复杂的交易，为消费者提供专业的服务，新人融入和学习阶段应该从目前2～3个月延长到1年左右。

二是经纪人的执业资格和执业技能发展阶段。在这个阶段，经纪人要学习房屋交易的必备知识，考试合格后方可在成熟的经纪人指导下开展房屋买卖业务的部分工作。新人要在熟悉相关业务流程和操作标准，并经过专业考试和职业资格的认证后，才能在网站平台上对外正式开展业务。

三是经纪人作业分工和作业范围的调整阶段。按照经纪人掌握的知识范围和职业资格认证标准，可以对经纪人在租赁、二手房、新房等细分业务品类进行分工。进一步来看，随着时间的演进，经纪人实际工作中所展现出来的能力状况也会出现分化。例如，可以根据销售楼盘房源的套数、作业的楼盘的范围等指标，把经纪人认证为楼盘、商圈、城市专家，对应不同的级别权限和职业等级。

四是经纪人岗位职级的持续动态管理。考虑到经纪人要及时掌握市场动态变化以及最新的一些政策变化，结合经纪人在实际工作中实际表现出来的专业技能等，需要对经纪人进行定期的继续教育和技能审核，考试合格以及技能认证通过后方可继续原有职业等级标准。如果未通过考核，则需要降级或者暂缓继续执业。以前经纪人仅凭业绩累积就可以确定岗位职级，未来要转变为动态资格审核制，根据经纪人知识更新情况和实际业务表现（业绩和客户评价）动态调整经纪人的岗位职级。

第三，人才供给渠道多元化转变。考虑到行业的产能过剩，经纪人大规模招聘的阶段已经过去，行业每年依然需要一定数量的新人补充。然而考虑到客户首次购房和换房的年龄呈增长趋势，为更好地匹配客户对居住生活的需求，经纪人的招聘标准应该更加严格，扩大人才招聘的渠道,从广泛的渠道优选人才。另外考虑到行业所处的发展阶段,以及新人面对市场波动时需要承受较大的市场风险的情况,未来的人才招聘可能需要更多地考虑有一定工作经验和经济基础的社会人。从美国经纪人的职业发展历程看,越来越多的成熟女性加入经纪人队伍,经纪人平均年龄高达 57 岁。未来我国中介行业的新增经纪人群体或许会从以年轻的学生群体为主转变为以成熟有经验的社会人员为主。我们从保险公司的人才结构也可以看出,保险从业人员大多数都有一定的工作经验和社会网络关系,年轻人很少有从事保险工作的。近年来,友邦等高端保险公司在成熟、高知和高能女性招聘上做了大量工作,对于提升保险行业的职业形象也起到了非常重要的促进作用。

考虑到我国不同城市之间的广泛差异,不同能级城市吸引人才的能力不同,人才来源的结构差异也会很大。一线城市人才吸引力高,高学历的人才供给充足,但行业对高学历人才的竞争略显不足。一线城市应积极改善和提高经纪人的福利待遇,中介公司也可以向保险公司学习,在高学历和高能人才的招聘和运营上实施差异化管理,提升人才竞争的优势,进一步提升经纪人队伍的基本素质和行业形象。成都、西安、郑州、武汉、重庆等二线核心城市仍然存在一定的人口红利优势,行业新生力量的潜在供给充足。在这些城市,中介公司应该逐步提升经纪人的招聘标准,在入口上精挑细选;只有招对人,才能降低招聘失误带来的经营成本。同时,这些城市也可以扩大对有经验人才的招聘比例,以缩短经纪人的成长期,满足客户对成熟经纪人的需求。相比之下,其他二线城市的人口红利和人才竞争优势相对不足,这些城市的中介公司可以适当降低高学历经纪人的标准,提高大专学历的经纪人占比,同时应在本地人才库的竞争中有所作为,吸引更多成熟的人才。其他三、四线城市等的人才吸引力不足,人才供给以本地化人才为主,应结合当地特点提升对社区业主或者已婚已育女性员工的招聘占比。

第四,从短期工作到长期职业的转变。过去的求职者核心的诉求是赚钱,只在有短期能够取得一定的经济回报的时候,他们才考虑长期稳定的发展。我们知道职业的稳定性主要取决于三个因素,即职业意愿、职业能力和经济回报,三者缺一不可。早期的经纪人在工作上的选择并不多,职业意愿不是主要因素。由于市场尚处在高速发展期,客户的年龄和购房经验均不足,因此这些经纪人能够伴随着市场的发展而逐步提升职业能力。强大的市场红利使得经纪人的开单难度相对较小,因此还是有很多经纪人在取得较好的经济回报之后逐渐稳定和沉淀下来。随着这批成熟经纪人逐步进入职业稳定期,转换职业的可能性也会越来越小。在北京、大连等相对成熟的市场,我们观察到从业时长超过 5 年的经纪人越来越多。未来需要继续巩固对这批成熟经纪人的职业化要求,通过职业资格认证考试和岗位资格认证来逐步提升他们的专业化水平。

同时我们也观察到最近几年来,行业已经进入平稳发展阶段。一方面成熟经纪人逐步增加,另一方面从业人员也出现了供给过剩的情况;再加上市场波动和新冠肺炎疫情的冲击,新经纪人工作压力大,开单难,取得经济回报的难度在加大,收入和付出不成正比。在新经纪人流失率居高不下的情况下,经纪人从业时长的增长非常缓慢,甚至没有增长。

面向未来,为了促进经纪人职业化和专业化发展,需要不断提高从业人员综合素养,使从业群体形成共同的专业知识结构和行为规范。然而,经纪人的专业知识完善和职业规范的养成均需要一定的时间。如果中介公司只为经纪人提供短期的职业培训和短期的薪酬保障,那么这只会让新经纪人更快地离开。随着客户要求越来越高,并且成熟经纪人越来越多,为了让新经纪人顺利留下来,非常有必要延长他们的职业化养成期,通过延长固定薪资的时间、延长新经纪人的培训期和学徒期,并配合经纪人资格考试和岗位技能资格认证,才能逐步提升他们的行业竞争力。为此,全行业所有中介公司或平台,都需要延长新人的学习期,新人期应该尽可能延长到 1 年以上,增加到 1~2 年。

总体上,通过提高成熟经纪人的专业化能力,以及改善新经纪人的早期职业化发展规划,未来经纪人的从业时长会进一步延长,从平均工作不足 10 个月提升到 2 年左右,这应该成为全行业的共同目标。

第五,从集体主义至上到尊重个人权利的转变。过去 20 多年,由于存在较大的人口红利,企业在选人和管人方面具有一定的优势,习惯于以命令、要求和管控的手段来管理经纪人,期望经纪人能够无条件地服从组织利益,集体利益高于个体利益,集体利益至上是主流的价值观。在这个阶段,员工合法权益是否得到应有的保障并不是企业的关注点。只要企业能够按时发薪,提供相对公平合理的晋升通道,比竞争对手做得略好一些,通常集体利益至上并没有太多的争议。

随着 90 后、00 后等新生代物质基础的丰裕、法律意识的加强,他们对个体权利和价值感日益看重,并对工作和生活的平衡提出更高的诉求。这些新形势必然会导致主流的工作价值观发生根本的变化,并不可避免地影响个体的工作选择和职业理念。相应地,企业的价值观要顺应新时代的变化,从集体利益至上转变到尊重个体、以人为本,自觉维护员工的合法权益,建立使命驱动型组织,在企业使命的感召之下,激发员工的自主性和能动性。为此,中介公司或平台应该依法维护经纪人的合法权益,不伤害经纪人的基本权益,改变过往的强管控模式;未来的管理应该以底线、规则和责任为基础,充分发挥经纪人的自主性和灵活性。在人和事的平衡上,努力做到以人为先，先人后事。此外，企业在股东利益和员工利益之间要做好平衡，努力把经纪人利益放在股东利益之前，承担更大的社会责任。

第六，从千人一面到个人品牌建设的转变。过去客户选择经纪人是相对盲目的，客户需求相对简单、非常直接，客户找经纪人主要是为了找房，业主找经纪人主要是为了挂牌销售。当客户和经纪人接触之后，会感觉经纪人的服务不到位或者专业水准不够而频繁更换经纪人，这导致对任何一位经纪人的印象都不深，信任也很难建立起来。随着经纪人群体的不断成熟，一部分经纪人已经在特定区域树立起良好的职业口碑，不仅得到客户的认可，还得到经纪人伙伴的内部认可。在这种情况下，当客户自己有需求或者亲朋好友有需求时，第一时间都会和自己认可的经纪人联系。同样公司或平台内部，别的经纪人有客户产生看房需求时，也会寻找该区域口碑最好、最专业的经纪人进行合作。在一个品牌或平台内部，这样的案例越来越多，经纪人也开始经营自己的个人品牌，利用社交媒体进行持续的宣传，并在社区内运营一些公益项目。例如，一些优秀的经纪人在社区教小朋友打排球和游泳、教邻居打太极拳等，也有一些经纪人通过抖音、知乎、小红书等新媒体打造自己的个人品牌。展望未来，经纪人的个人品牌建设可以围绕几个方面展开：

一是楼盘、区域（学区）专家，熟悉某个特定楼盘和区域的过去和未来，在特定区域做出突出业绩，获得客户和同事的好评。

二是业务专家，对某些特殊产品有特殊兴趣，能够为客户提供全面而专业的服务，例如租赁房、豪宅、法拍房、新房等。

三是专业知识专家，熟练掌握建筑规划、交易流程、法律法规、税费精算等，能够为客户提供专业的咨询顾问服务。

四是自媒体运营专家，能够生产专业且有特色的内容，并能够熟练掌握自媒体的宣传和运营,通过自媒体建立起粉丝群并带动业务转化。

五是社群经营专家,能够维护并运营较大规模的社群,和社群能够频繁互动,并为社群提供各种有价值的服务,推动社群关系内部更多的交流,产生更多的互惠关系。

需要指出的是,随着抖音、快手、小红书等内容平台的强势崛起,经纪人个体品牌的建设进入加速发展阶段。据58集团调查,2022年第二季度,接近30%的经纪人通过抖音、微信、小红书等社交媒体获客,2021年这一比例只有12%。内容平台的崛起,可以释放经纪人的内容生产能力,并让这些优质内容更便捷地触达潜在的消费者。这就是所谓的"内容营销",它是指基于对潜在客户或目标客群的需求理解,经纪人可以有针对性地创造、发布与之相关的优质内容,展示自己的专业能力,吸引并留存一批潜在客户,通过持续的服务,不断产生交易。这些内容平台基于推荐算法,能够以极低的成本、极高的效率、不打扰的方式,帮助经纪人对潜在客户完成触达,这就对传统的营销场景带来了根本性的改变。如果经纪人能够逐步建立个人品牌,也就相应具备了个人流量或者私域流量。据统计,私域流量的获客转化率可以达到5%,而通过购买网络端口等公域流量的获客转化率不到1%,两者相差4倍。

第七,从短期主义到长期主义的转变。过去经纪人往往抱着试试看的心态进入行业,入行之前大大低估了行业的难度,大部分经纪人处于无专业、无资源、无储蓄、无长期打算的"四无状态"。不仅如此,一些经纪人的收入预期过高,但对于无回报期的准备时间太短,一旦这些新人真正开始工作,专业知识学习难、资源积累慢、开单周期长等各种压力随之而来,很多人在第一年就无法承受工作和收入压力而选择离开。在美国,新人在入行之前通常会咨询老经纪人的建议,其中一个经常提到的建议是新人要准备好三年生活费再考虑进入,因为新人至少要在行业积累 2～3 年,才会有一定的资源积累,才能依靠这个职业获得较好的成长和收入。

在国内,新人入行之后,除了有大量的专业知识需要学习之外,最主要的困难是客户太少。为了拓展更多的客户线索,他们需要每天打几百个电话,或者采取各种方式获得业主和客户的信息。在这个过程中,资源持续积累一年左右,才能保证每个月都能带来稳定的带看量,从而带来成交和收入。在这个学习期和资源积累期,经纪人需要有强大的心理承压能力,并且要有一定的积蓄,否则很难度过这段较长的无回报或者低回报期。对经纪人来说,这意味着要降低预期但不能放松对自己的要求,做好长期准备。对公司来说,也要降低预期,同时要为年轻经纪人的成长负责,为他们提供更长时间的保障薪酬,耐心培养经纪人,当经纪人具备一定专业知识和技能之后,再安排上岗,从而提升经纪人的工作自信心。

走出人才招聘的误区

为了重构人才供应链,我们需要从根本上改变过往的人才招聘模式,走出人才招聘的误区。当下整个行业的人才招聘存在四大误区:

一是人才招聘标准两极化,要么毫无标准,采取热烈欢迎的招聘方式;要么使用错误的招聘标准,过度强调学历、年龄、经验等外在标准,而忽视内在特质。我们已经表明优秀销售人员的激励因素不取决于外在激励,真正的激励措施是那些能够促使人们从心底里渴望成功的内部激励,例如同理心、自我激励、自信心等因素都是必不可少的内在特质。内部激励驱使人们自发地采取行动,而外部激励不能长期提高效率,反而有可能限制效率的提升。虽然外部激励可以在短期内促使人们为了加薪、提成和晋升而努力工作,但这是经典的胡萝卜加大棒政策。从长远的视角看,外部激励对于一个人的表现好坏所起到的作用微乎其微。当然,人们希望得到更高收入,希望得到晋升,任何人都不想被炒鱿鱼,然而,胡萝卜加大棒政策并不能带来高效率和高产出。例如,很多公司都会做"超级销售月"活动,列出每个销售员的名字和每天的销售业绩,向所有人公开展示,促进竞争,在月底的时候,成绩最好的人得到一次免费旅游或登台领奖的机会。然而,放到年度或者更长的时间维度里,外部激励可以促使人们短期内有所行动,却不能带来长期效果。真正的激励是人们内心渴望成功的特质。正如肚子饿的时候不需要任何人提醒就会去吃东西,口渴的时候会主动地去喝水,都会自觉地去满足,自然而然地做,常常会克服许多外部的障碍去满足。没有什么因素比内部动力更为基础,正是这些内在的需要才更能长期激励一个人。只有具备内部激励的人,外部激励才能起到长久的正面作用。

二是认为培训的作用大于招聘筛选机制,试图通过培训把不合适的人变成优秀经纪人。招聘的本质是找到合适的人,培训的本质是把合适的人培养成优秀的人,把他们的内在特质充分释放,让其优势最大化。任何人都不太可能通过培训完成好自己不适合的事情,我们要做的事情是找出具备内在激励的人,并不断提升他们的生产率。换言之,如果一个人有适合某份销售工作的内部激励,并且接受良好的训练和管理,他就会成功;反之,如果一个人没有内部激励,哪怕最好的训练和诱惑都用上,也很难使他持续提高效率。

三是招聘筛选机制错误地将学历视为销售成功的必要条件。尽管教育背景的重要性经常被强调,许多销售工作也越来越倾向于那些受过良好教育的人,然而,学位或者受教育年限其实并不是评价销售成功的好指标。在任何行业中,相关知识都是不可缺少的,但是这些知识完全可以通过公司的培训课程来获得,而不是依赖于大学的学位。受过极少教育的人,只要有基本的智力,都能像拥有学位的人一样胜任许多不同行业的销售工作。在实际的招聘工作中,从校园招聘来的往往很难成为顶尖销售人员,他们几乎是最缺少销售能力的人。而且高学历的毕业生更倾向于把销售看作一种有损于他们尊严的活动,那些进入销售行业的人通常更容易感觉不满意,而且也是最早辞职或被免职的人。当然,这并非说明高学历中没有人具有销售能力或没有人真正应该从事销售,这样的人当然是存在的。从统计的角度看,把公司的招聘范围限制在校园往往会减少选择空间,而且学历也不应该成为选择的唯一标准或绝对标准。实际上,大量的公司经常会犯类似的错误,从错误的人才资源库中寻找人才,例如校园。例如,一个极好的人才资源库是那些可能在行政管理职位上的人,还有一些在生孩子之后重返工作岗位的精明能干的妇女,还有 50～60 岁的年轻老人,包括失业者、未充分就业者等,这就构成了一个巨大的资源库。总之,招聘者不应该使用无效的招聘标准,例如经验、年龄、学历等,也不应该限制寻找人才的范围,过时的人才招聘体系埋没了相当一部分会获得成功的人。总之,招聘应将整个人口作为一个实际上没有限制的高效率人才的资源库,不要武断地设置一些程序或障碍来限制潜在的具备销售特质的人。有效的招聘活动应该在全部人口范围内宣传。

四是在招聘对象和范围上自我设定狭窄的招聘渠道,在入口上阻碍了潜在人才的进入。大部分中介公司都在事前设定各种各样的人才标准,从一开始就限制了人才的入口。优秀销售员主要取决于内在特质,而这些特质往往隐含在不同的人身上,招聘要做的事情不是通过前置设定标准,把潜在的人才拒之门外,而是要尽可能地扩大入口,精挑细选出具备内在激励的人。不仅如此,一旦从大规模的候选人员中初步选出可能的人才,接下来就要进行不断筛选和淘汰,最终留下来的才是精英。但是大部分公司普遍的做法就是招聘入职之后,只进行简单的岗前培训就开始工作,之后很少再有完善的在职培训和筛选,任其自由发展。人才的招聘、选择、培训、筛选、淘汰是一个完整的、持续的系统工程,没有捷径。

从中介行业的历史经验看,过去20多年,经纪人的招聘工作乏善可陈,能够归纳总结的经验并不多,绝大多数企业在经纪人招聘上还处于摸着石头过河的阶段,普遍执行着自然淘汰的原则,有的公司执行学历优先的原则,但这些招聘方式在实践中都不算成功,前者大进大出,后者付出了巨大成本但效果依然不佳。

我们可以用一个跨行业案例来说明招聘工作的优化和改进过程。美国大都会保险公司和心理学家马丁·塞利格曼博士曾经合作过一个项目。在很长一段时间内大都会保险公司是按照经验和能力测试和筛选候选人的,通过职业剖析来测验、考察、预测候选人未来的成功可能。这套测试方案每年从5万名候选人中进行测试、面试和训练。但是往往不到一年,超过50％的人离职,留下的人业绩一年比一年差,到了第四年年底,他们的业绩到达低谷。别的保险公司和大都会的情况也差不多。心理学家发现,仅仅有能力和经验并不能确保成功,尤其是销售职业,成功需要坚持,这是一种遇到挫折也不愿意轻易放弃的坚持,那些具有乐观特质的人往往更能够坚持,直到成功。这个合作项目的研究表明,要想筛选出潜在的可以获得成功的销售,要考虑三个方面——能力、动机和乐观,正是这三者决定了成败。于是马丁·塞利格曼博士和大都会保险公司在保险销售人员选拔中,增加了乐观测试,结果发现乐观的保险人员业绩要好很多,并且随着时间的推移,这些人的表现会越来越好。极度乐观的保险人员相比传统职业测评方式录用的人员,第一年业绩要好21％,第二年增大到57％。对此,心理学家的解释是乐观造就了坚持。一开始,能力、动机跟坚持一样重要,但时间一久,被拒绝得越来越多,坚持就变得比前两项更重要了。

回到中介行业,面向未来的经纪人招聘工作,我们应该沉下心来潜心研究优秀经纪人的能力特质模型,通过技术手段开发相应的测评工具,在实践中反复校对,不断摸索出适合中国本土的招聘测试模型并建立数据库。当然,招聘工作也需要加强管理人员的招聘培训,掌握数据解读能力和深度面试能力,人员分析需要从过往那种过度重视业务数据转变到重视人力资源数据上来。当然,所有这一切,最根本的是要改变招聘理念,要摒弃过去那种"热烈欢迎式"的招聘模式,宁缺毋滥,而不是招聘大量不适合公司和行业未来发展的人。

人才模型

到底什么人适合做销售,有没有普适性的经纪人模型呢?很多学者从心理学和行为学视角,结合保险行业、汽车销售和房地产销售等多个领域的跟踪调查,对这个问题给出了专业的研究洞察[1]。

长时间以来,国内外大多数销售行业的形象和口碑都不太好,经常被舆论苛责,甚至以骗子的形象出现。学者们的研究表明这个问题的根源

---

① 格瑞伯格,威斯特,斯沃恩.销售人力资源管理[M].曹淮扬,刘轻舟,范永俊,译.北京:企业管理出版社,2002.

在于：

首先，茫茫人海中，每四个人中就有一个具备销售所需要的特质，因为种种原因，这些人当中的一大部分并没有进入销售行业。

其次，已经入行的人中，每五个销售就有四个不符合成为优秀经纪人的资格和条件。换言之，很多缺少销售能力的人进入了销售领域，这导致极差的业绩和众多的问题，并带来很高的流失率和不良的消费体验，从而令整个销售行业陷入不良印象。这些人没有天分，却努力伪装、滔滔不绝地吹嘘、诱导客户、欺骗客户，这不仅出卖了自己，也出卖了同行，直接破坏了行业的集体名声。

再者，很多招聘工作从一开始就选择了错误的方向。研究表明，在招聘过程中，很普遍的现象是招聘人员几乎将所有注意力都集中在了肤浅的表面事物上，而没有去注意应聘者的内在。尽管煤和金刚石都是由碳原子构成的，但是你不可能把煤变成宝石。然而这就是许多销售型公司每天都在做的事情，从人群中挑选不适合销售的人来从事这份工作。这就是许多销售行业的问题所在，很多销售人员因为错误的原因被聘用，而大多数的招聘人员也没有很好地预见应聘者的销售天赋，从而导致销售变成高流失率、低生产率的行业。"来者不拒，热烈欢迎"的招聘方式进一步放大了这个问题。与使用错误的标准不同，这种招聘方式是没有标准，为应聘者提供几乎没有底薪但提成很高的工作；招聘者认为无论如何都不会有损失，什么人都可以来试一试，但是因为 80% 的人没有销售才能，所以大多数人只能坚持一小段时间。表面上看，这对招聘者没有直接的损失，但是潜在的成本是巨大的——既损害了企业在消费者心中的形象，也损害了行业的整体形象，阻碍正确的人进入行业、进入企业。具体到中介服务，"来者不拒"的招聘经纪人的方法导致极高的人员流失率。美国每年55％的房地产销售员离开他们的公司,或加入别的公司,或完全退出行业;在三年时间内,85％的人已不在原来单位了。这种招聘方法来源于中介行业流传甚广的错误认识:"因为我们并不需要支付他们薪水,我们不会丧失一丝一毫的成本,我们只提供他们一张桌子和一部分电话,哪怕他们只做成一笔交易,我们仍然是受益方。"这相当于一种无限制的公开邀请,招聘者相信"每个人都能销售房地产",这种无区别的招聘的隐性成本实际上是巨大的。

那么,具体而言,同样作为销售,一名优秀的经纪人应该具备哪些内在特征呢? 基于学者的研究和我们对于消费者需求的理解及中介服务本质的认知,以下四点是优秀经纪人必备的特质,如图3.5所示。

图 3.5　优秀经纪人的特质

第一,同理心。同理心的定义是设身处地感受对方反应和变化的能力,这是一种能够洞察所有微妙暗示和线索,并准确估计客户内心真实想法和感受的能力。同理心是要知道和了解别人的想法,但不等于完全同意他人的想法;最大限度地为客户着想,并不意味着与客户完全一致。同理心更不等于同情,同情会失去客观性,无法以冷静、客观的态度看待问题。同理心的核心是领悟买房客户隐藏而不说明的原因和目的,了解客户内心的真实需要,直到提出一个与客户隐性需求匹配度最高的解决方案,通常这些隐藏的原因和目的才是决定销售能否成功的关键。很多经纪人在处理事情时,倾向于接受别人的意见或从表面着手,而不会深入探索隐藏在各种事物背后的真谛。具备同理心的经纪人会自动地研究和理解客户,透过表层现象,研究隐藏于表面下的东西,不断地从重点方面去考察、了解和理解别人。这些人具备内部激励,运用他们的同理心,打开他们的"收音机",接受别人的反馈。

第二,自我激励。同理心虽然是必需的,但是只有这个能力是不够的,如有的销售员能很好地倾听客户,与客户或潜在客户建立良好的关系,但是很难带来新的业务。研究发现,尽管同理心是必不可少的,但仅有这些反馈信息是不够的,销售人员还需要使用这些反馈信息去说服别人,达成销售结果。这个内在动力就是所谓的"自我激励"。自我激励是一种销售和成交的欲望,自我激励的人觉得需要去做销售,所以客户是帮助他们满足个人需要的对象。优秀的销售员通过说服别人,特别是通过面对面和一对一的说服而获得自我认可、自我满足和自我提高,这种认可和满足比提成更重要。对于一个自我激励的人而言,说服的欲望就像呼吸一样不可或缺。对于经纪人而言,销售是基本属性,销售成功的标志是成交,帮助买卖双方达到交易,这是非常重要的价值创造。一个服务非常好的经纪人,如果不能成交,也无法让客户满意。但是反过来,自我激励能力过强的经纪人,容易变成以单纯的成交为导向,甚至不惜代价追求成交,使用各种手段推动客户签约,急切达到交易,拿到佣金,这样的人可能会激怒客户,使潜在客户避而远之。

因此，成功的经纪人必须在同理心和自我激励之间找到一个平衡点。同理心强、自我激励不足的经纪人通常是以服务为导向，认为成交来源于注意和了解客户需要，加深客户对自己的信任，并从每个服务承诺传递信任。这种经纪人更像"农民"。反过来，自我激励强、同理心不足的销售员，在内在动力的驱动下，他们会像推土机一样前进，直到达到目的，在市场红利巨大、重复交易很少的情况下，他们更容易成功。但是当需要售后服务、维护长期客户关系时，或者说在重复交易和转介绍比较多的市场状态下，这种经纪人的优点就会弱化；虽然短期内他们的业绩很不错，但是他们的存在也会像白蚁一样对中介公司的声誉造成无形的伤害。总体上，这种类型的经纪人往往是成交导向的，很有竞争性，更像是"猎人"。最理想的状况是把同理心和自我激励结合起来，这样的经纪人既能完成成交，也知道如何去维护长期的客户关系。两全其美很难，所以招聘时要判断公司的特定阶段目标和市场情况，要判断公司是需要大量的客户发掘，还是要维护长期的客户形象。因此，有所取舍是在所难免的。销售是人与人的互动，没有一个明确的答案，销售队伍中往往有各式各样的人，有的人激励度更高一点，有的人服务导向更强烈一些，也有很多人处在两者之间，关键是如何组织这些人使团队更好地运作。

进一步来看，人们购买住房，不仅仅是购买一个房子，而是购买一个地方、一个城市、一个教育环境、一个交易系统、一个社会设施。对于房屋交易这样的决策，与其他行业相比，一位成功的经纪人更应该具有很强的同理心和自我激励，需要感受潜在客户的反应并有效对待这些反应，设身处地满足客户的需求。此外，潜在客户的购房决策周期长，不会在一两次交往中就做出决定，因此，经纪人必须有极强的耐性和坚定性，不仅只是和潜在客户待在一起，还得用一种系统的、有组织的、有效的方式，最大限度地提升服务效率。

第三，自信心。销售是一个与"拒绝"斗争的游戏，自信使经纪人更好地面对拒绝。很少有人能够在一两次的接触中就能做成生意，电话、带看等服务过程中经常面对客户或业主的拒绝。自信的人在遭遇拒绝和失败时，他们对失败的反应就像饥饿的人错过了一顿饭，他们只会期望下一次的机会。失败令人失望，但不会破坏自信的人对自己的正面印象，他们会找到一个空白点，留作下一次更正。他们不会把拒绝看成是对自己的否定，反而会把失败看成经验积累的必然结果和代价，把失败当作生活的一部分，继续把潜在客户当成需要努力争取的对象。

第四，学习力。经纪人与其他行业销售员最大的不同点是他们要面对各种变化和不确定性。宏观和政策环境在变化，市场在变化，客户的购买需求在变化，业主的出售动机在变化，经纪人需要具备一定学习能力才能跟得上变化，通过自身综合能力的提升，以满足不断变化和日益提升的客户需求。

总体上，经纪人身上需要具备综合能力，同理心和自我激励是最基本的特质，在这两个特质的基础上，自信心和学习能力也非常重要。除此之外，一些必要的特质也是相对重要的。例如细节处理能力，房屋交易过程非常复杂，一定程度的细节处理是必不可少的。还有团队合作能力，经纪人必须经常作为团队中的一员来开展工作，而不能永远是一个独立作业的人。此外，紧迫感和积极性，需要快速行动，不拖延，自律，有效地组织工作和时间。所有这些优秀的特征都会发挥重要的作用。进一步观察，研究和实践同样也表明年龄、教育、性别、工作经验对于成功的经纪人都是无效的考察因素。例如，年纪轻、经验少可以通过训练弥补，缺少基本的内在特质却无法补救，这两个因素对于成功的销售员并无直接关系。

再比如,大学教育和成功销售没有丝毫关系,拥有大学学位并不能保证销售的成功。

尽管同理心和自我激励非常重要,但大量的调查和研究发现,不光在中国,即使是美国这样的成熟市场,超过 80％的经纪人严重缺乏这些内在特质,他们几乎没有在这一行业取得销售成功的机会。这些人会带来巨大的隐性成本。例如,中介公司往往会花费大量的广告费来获取客户线索,当潜在的机会出现时,众多客户将与这些 80％不适合做经纪人的人取得联系。然而,正是这些人在"赶走"客户,公司失去了能被真正优秀的经纪人转化为收入和利润的机会。中介公司为此付出了大量的代价,也浪费了大量的销售机会。更为重要的是,那些生产率为零的经纪人成本要比表面上反映出来的财务成本大得多。对于一般的消费者而言,公司形象就是他们所接触到的经纪人。如果客户与经纪人的交流很愉快,公司就能获得更多的机会以及看不见摸不着的好声誉。相反,不愉快的经历会导致不止一次的销售失败,还将持续不断地影响公司和整个行业。

构建职业资格管理体系

职业资格是指为了保证工作目标的实现,任职者必须具备知识、技能、绩效等方面的要求。经纪人职业资格的管理有利于明确经纪人岗位的职责要求,对促进经纪人的职业化和专业化有重要的促进作用,同时对于经纪人个人的职业规划也有一定的牵引作用。有了职业资格管理体系,经纪人的培训、考核和激励就会有更加明确的方向。

目前,很多职业已经建立起非常完善的职业资格管理体系,例如在教师行业,教师在教书前应具备一定的知识体系,大多数教师也都是师范院校毕业的。教师通常在开展教学工作前还要取得教师上岗证书,接下来教师会在以后的工作中通过考试、专业贡献和工作绩效取得不同等级的证书,不同级别的教师会安排在不同的岗位上教学,并享受不同的福利待遇。通过这套完整的职业资格管理体系,教师从毕业开始就非常清楚地知道自己未来的努力方向。

对比来看,经纪人职业资格管理体系构建的难点是要改变过去只重视业绩累积来确定经纪人级别的做法。未来经纪人职业资格管理要做好三个方面的转变,如图 3.6 所示。

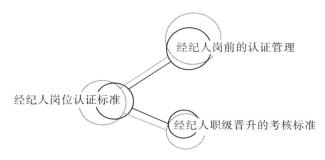

图 3.6　未来经纪人职业资格管理的三个转变

一是经纪人岗前的认证管理。经纪人在正式上岗前必须具备一定的专业基础知识,通过相应级别的考试后方可开始实习工作,实习期间不能直接单独服务客户,必须经过一定时间的学徒期和实习期,通过技能考核后才可以独立上岗作业。这个过程应持续一年以上。

二是经纪人岗位认证标准。经纪人可以从事租赁、二手房交易、新房交易、金融产品推荐、装修和家居业务引荐等多种业务,但每一种业务开展之前必须通过对应的职业资格认证。通过专业知识考试和岗位技能考核等形式加以认证,取得相应资格后方可开展不同业务的工作。

三是经纪人职级晋升的考核标准。除了工作绩效之外,在岗位职级晋升之前依然要通过高级别经纪人所需要的知识体系,只有通过相应的技能考核,才能晋升。

未来的培训

培训是经纪人通向成功之路的关键环节,也是提升服务体验的重要保障。过往中介行业的培训非常粗浅,因为招聘的对象不对,培训的效果也不好,而且培训的时间周期非常短,持续性差。更大的问题在于过往的培训总是试图把不适合销售的人培训成销售精英,这是不可能完成的任务。面向未来,我们的培训理念也需要相应的调整。

第一,从短期培训上岗到长期学习、学岗匹配。研究表明,真正具备销售内在特质的人才并不多见,他们在人群中的占比约为25%。最好的招聘是不要设置无用的标准将符合内在特质要求的人才从一开始就排除在外,只有广泛寻源、扩大入口才能找到更多适合销售的人才。找到正确的人之后,再结合中介行业的特点培训特定的专业知识。过去,培训工作之所以效果不佳,主要原因是培养的对象不对。再者就是培训的方式不正确或培训的时间不足够。通常来说,对于正确的人才,大约需要6～14个月才能逐步产生较为满意的绩效。虽然专业知识的培训并不复杂,难度并不算太大,真正困难的是实践技能的提高和行业经验的累积,例如在什么情景下应该采取什么样的行为、表达什么样的话语,这些技能的掌握仅仅依赖培训是很难掌握的,需要在实际工作中反复训练后才能熟练掌握。

第二,从经验积累到知识管理以及成交案例库和数据库的建设。我国房屋交易规则非常复杂,交易规范时常变动,还有一些特定文化习俗下的规则甚至潜规则,一个新人要掌握所有这些知识,并形成经验往往需要很长的时间。考虑到成交周期很长,通常几个月才能成交一单,通过历史成交积累这些复杂经验是非常困难的。更何况交易规则多变,知识更新速度快,让经纪人掌握最新的交易案例也有一定的难度。

在这种情况下,经验的累积既要依靠经纪人自身的实践总结,更需要公司开发完善成交案例库,提炼特定场景下的最优实践,通过不断积累案例,可以进一步总结提炼,变成标准化的知识管理和知识数据库,经纪人就可以在数据库中调用标准化知识。慢慢地,公司就会形成知识的大量积累,变成组织的智慧,产生巨大的知识力量。

我们已经指出经纪人的专业能力将会越来越多地体现在高阶信息的加工、整理、评估、预测和决策等方面。这部分信息和知识的整理、加工和积累是一个长期的动态过程,只要把这些知识进行标准化和数据化,经纪人的专业能力就可以建立在组织上,建立在数据库上。

第三,从简单的实践学习到理论与实践的循环迭代。经纪人技能的提高不仅需要更多的实践经验和上级的反馈辅导,也需要一定的销售理论基础。《销售 ABC》《高绩效教练》《销售中的心理学》《超级销售精英的七种力量》《高绩效销售的 5 大习惯》等经典著作都有助于经纪人的理论提升。销售和会计、律师、医生等职业一样,既需要标准的操作规范,也需要大量的实践经验,在实践中既不能随心所欲地任性发挥,也不能按照书本的标准流程生搬硬套,就像学习驾驶技术一样,先学习后实践,再学习再实践,不断养成自己高效的工作习惯。过去的误区认为销售没有理论、没有规范,销售只是一种实践性很强的技能,或者只重视专业知识学习而排斥销售技能学习。就像顶尖运动高手的养成都是从规范性的练习开始,然后结合自身特点逐渐形成优势;虽然已经成为高手,但每天的练习还是从一些基本规范开始热身,然后逐步过渡到练习更加高难的动作。

第四,精力管理和心理建设。对经纪人来说,在日复一日的高强度、高压力工作之下,难免会有疲倦甚至是厌烦情绪,身体健康的损害也会影响经纪人的工作状态。经纪人的身体健康状况也会随着年龄的增长而有所下滑。调研数据表明,经纪人从业 5～10 年是高产期,从业超过 10 年之后,精力会有所下降,业绩也很难持续保持在最高水平。那么如何才能保持旺盛的精力,让最好的销售状态维持更长时间? 销售是失败多于成功的工作,乐观的经纪人不容易流失,乐观经纪人的业绩比悲观经纪人要好,并且时间越长,乐观的人业绩越好。此外,人的心理状态并非一成不变,心理状态会受到一些外界因素的影响,而产生压力、恐惧和人际疏离等。

那么,销售员到底如何才能建设和保持积极健康的心理状态? 美国最大的中介公司 KW 的创始人盖瑞·凯勒通过自己的实践和对中介行业的理解,总结了如下几个方面,值得参考:

(1)思考和感恩——每天早上思考和祷告,以获得精神力量。

(2)饮食和锻炼——合理和定时饮食,并且积极锻炼身体,以获得身体力量。

(3)和家人的互动、微笑——和家人在一起的时候多互动,多微笑,以获得更多的情感力量。

(4)制定计划和日程——制定详细的工作计划,保持专注的工作状态,以获得脑力力量。

(5)开发客户和线索——持续开发客户信息和房源信息,以获得持续的业务力量。

（6）持续学习。盖瑞·凯勒指出，优秀的房产经纪人都是热爱学习的人，他们经常读书，收听讲座和参加研讨会，他们会拿出 10%～15% 的时间来学习，他们称之为自我投资，并认为这是成功的必经之路。

薪酬体系的变革

过去 20 多年，经纪人的薪酬激励模式发生了几次典型变化。在早期阶段，经纪人的薪酬结构主要以固定薪资和低提成为主。那个时候大部分中介公司的经纪人平均提成比例只有 10% 左右，这个阶段经纪人的收入差距并不大。2005 年前后，内地中介受到港资模式的影响，经纪人的薪酬模式变成以低底薪和中等比例的提成为主，经纪人晋升以后底薪会有一定程度的提升，这个阶段的经纪人收入差距开始拉大。2015 年随着深圳市云房网络科技有限公司（称为"Q 房网"）率先发起经纪人薪酬改革，许多大型直营连锁公司也快速跟进，全行业开始盛行无底薪、高提成制度。这种模式对高绩效的经纪人产生更大的激励，经纪人收入的差距明显扩大，新人成长面临着收入低和收入不稳定等严重问题。一定程度上，当下中介行业的诸多问题和乱象，或多或少地根源于这种薪酬结构。

理论上，薪酬体系的核心目的是吸引、保留、激励，在设计时主要考虑五个方面：竞争力，薪酬整体水平具有市场竞争力，吸引和保留顶尖人才；公平性，内部薪酬管理机制公平；激励性，强调回报与绩效的匹配，唯有业绩，才有激励；成本可持续，人力成本增长与收入、利润增长相匹配；合规性，在符合法律规定的前提下，薪酬激励操作符合公布的激励规则。

然而，在当前这种广泛流行的高提成模式下，产生了诸多问题：一是现有薪酬体系对高绩效经纪人的激励效果过强，对成长中经纪人的激励不足，尤其是对新人和成长期经纪人的激励偏弱；二是随着高级别经纪人的比例增多，成本可持续性变差，动态调整的难度越来越大；三是经纪人收入的方差在变大，通过角色分边等手段进行调剂时，经纪人收入分配的公平性又很难兼顾；四是当下的薪酬制度设计没有考虑《中华人民共和国劳动法》等有关法规的要求，例如最低薪资保障、五险一金、带薪休假、节假日加班费等劳动者的基本权利保护。

由此可见，目前低底薪、高提成的激励方式已经陷入两难困境。一方面降低高绩效经纪人的提成比例，会引起该群体的波动，从而影响公司收入；另一方面提高新人和低级别经纪人的薪酬又会产生很大的成本压力。例如，一些店东或中介公司为了争夺高绩效经纪人，纷纷给出了高达70%～80%的提成比例，这些措施不但没有产生长期效果，反而提升了经营风险。

尽管存在诸多艰难的平衡，未来的经纪人薪酬激励仍然有可以改变和优化的地方。

首先，大型直营公司可以考虑经纪人定位的转变，推动经纪人从销售转向顾问型专家。经纪人薪酬激励可以降低提成，改革为高固定底薪加绩效奖金的形式，这方面经验可以借鉴三井和信义等中介公司。改革的目标是改变成交为王的考核方式，让绩效与服务质量、专业等级等综合因素挂钩，提倡专业和服务导向，通过稳定的薪酬制度增加经纪人的安全感，鼓励经纪人看长做长。这样也可以解决合法性、内部公平性、收入稳定性等问题。在这种模式下，高绩效经纪人的收入激励会有所减弱，但公司如果加强精神方面的激励，强化公司品牌建设，这方面的问题应该可以得到一定程度的缓解。

其次,小型加盟公司可以考虑向合伙人模式转变,将经纪人由雇员制转向合伙制,经纪人薪酬可以采取固定工资加利润分红制。这样做可以改变经纪人的身份,经纪人和店东都会把公司当成自己的公司,每位经纪人都是经营者,店东和优秀经纪人一起打造一家具有独特价值的团体,大家为共同的利益而奋斗;同时这样的设计也可以规避合法性、波动性、高提成等诸多问题。

当然,薪酬变革本质是公司战略定位和使命愿景的一个重要组成部分。直营公司要为行业培养高素质的经纪人队伍,加盟店要体现出独特的价值,打造有温度的美好组织。

十大宣言

通过前面的分析,我们已经知道我国现有经纪人队伍还不够稳定,每年大进大出上百万的经纪人,经纪人的平均从业时长依然很短,客户对经纪人群体的整体评价依然不高,经纪人的职业声望仍然较低。为了改变这种局面,为了让经纪人群体的专业能力普遍得到相应的提升并赢得更高的职业声望,就需要进行系统的变革,通过科学化的招聘来找适合行业发展的人才,通过职业资格管理体系来提升专业门槛,通过系统的培训体系来提升经纪人的知识体系和业务技能,通过经纪人基本权益的维护来保护好经纪人,通过薪酬绩效改革为经纪人提供一个安全、稳定、可持续发展的环境。

我们始终相信,长期来看,经纪人有权利得到有尊严、安全、可长期发展和利益最大化的行业土壤。为了彰显经纪人的价值,我们提出一个面向未来的行业宣言,希望全行业的相关方共同倡导和遵守,落实到保护经纪人权益的行动和承诺中:

(1)视人为人,人是一切,应该慎始。全行业所有中介公司和加盟店东都应该严格控制人才入口,谨慎选择,认真培养。

(2)经纪人是中介行业最重要的参与者,他们处于所有参与者的核心地位,平台、品牌、店东应该以促进经纪人的职业化和专业化作为共同的目标,从根本上改变经纪人的整体素养和职业操守,全面提升中介行业的积极形象。

(3)经纪人应以更高职业标准和道德规范约束自己,在与客户互动的过程中,展现高品质的专业水准和服务质量,为行业发展和进步贡献力量。

(4)经纪人的基本权益应该受到法律保护,包括但不限于法律所赋予的权益,如最低工资、劳动时间、劳动安全、节假日休息、社会福利保障、职业教育、劳动争议等基本权利。

(5)经纪公司的创办和发展,核心目标应该要为经纪人创造健康、快乐、和谐、安全、稳定、长期的发展环境,以激发他们为客户创造卓越的价值。如不能达到上述标准,应谨慎开办和扩张。

(6)考虑到中介服务的复杂度和竞争度,中介公司在招聘时应实事求是说明行业特性,努力寻找和匹配行业发展所需要的有潜质、有能力、心智成熟的员工。公司从正式聘用经纪人的第一天开始就要为他们的未来发展负责,为经纪人提供足够的职业教育和训练,确保经纪人具备专业能力之后才能安排上岗、服务客户。

(7)经纪人工作中在不违反执业规范的基础上,应该享有工作的自主权和灵活性。我们要相信经纪人有能力为自己的工作结果负责,管理人员不应只采取命令和要求等手段强制经纪人去做他们非自愿的无效工作。

(8)培训是经纪人走向职业化和专业化的关键环节,中介公司和平台应该积极推动更长时间、更加持续的职业培训,实现经纪人的长期成长和发展。

(9)经纪公司涉及经纪人利益的制度、流程、标准等要求在出台前与经纪人进行讨论和协商,如果有重大争议,应暂缓出台,经讨论协商广泛一致后方可发布执行。

(10)经纪人的基本权益需要得到相应的保障,经纪公司、经纪人协会等应为经纪人的权益维护提供必要的法律支持。

我们相信,经过全行业所有参与者的共同努力,再过十年,我国经纪人的群体画面必将呈现积极的转变。通过行业、平台和中介公司共同的规范和管理,未来将会形成规模适中的职业群体,通过长期持续的培训,经纪人整体能够体现出相当的职业精神和专业能力,能够满足客户多方面的需求。与成熟市场的情况类似,在未来的行业发展中,40~50岁经纪人将成为经纪人队伍的主力军,而女性经纪人将超过50%,她们既独立又善于合作,且经验丰富、诚信可靠。随着行业的正向发展,大部分城市的经纪人收入的平均值将达到当地社会平均工资水平,经纪人每周工作时长将缩减到60小时以内,经纪人的基本权利能够得到一定的保障。此外,我们也期望经纪人的身体健康水平不断提升,坚持锻炼身体的经纪人或将超过50%,经纪人的幸福度和尊严感大幅提升。

总之,相信美好才能遇见美好,美好未来需要积极变革才能最终实现,更需要行业的所有相关方共同努力才能早日实现。期待一切的变革,从当下开始,一点一滴不断产生积极的转变。

4

服务的转变

宏观是我们必须要接受的，
而微观才是我们能有所作为的。

——查理·芒格

经纪人作为一个职业，是专业化分工的结果。中介服务不断形成一个行业，是市场发展和客户需求驱动的结果。人们对经纪人和中介服务的需求直接衍生于人们对居住的需求。居住需求的变化必然导致人们对经纪人和中介服务需求的变化。只有不断满足消费者对中介服务的新要求，中介行业的存在才是有价值的。

中介服务的由来

在交易过程中,买方希望通过经纪人获取尽可能全面、及时、准确的在售房源信息,卖方需要经纪人获得更多的潜在客户信息,以合理价格实现快速销售。在这个过程中,经纪人逐步形成了获取、处理、加工和传递这些信息的专业能力。当买卖双方的交易规模越来越大时,形成一个日益庞大的住房交易市场,交易越来越多地发生在陌生人之间,而不是熟人之间,交易的范围也越来越大,于是交易双方信息不对称的程度必然会显著增加,交易的潜在风险也日益上升。在这种情况下,一批专业的经纪人必然会出现,为经纪人提供服务的中介公司、中介品牌以及相关的衍生服务也会逐步产生。为了规范经纪人与经纪人、公司与公司之间的竞争与合作关系,官方或半官方的经纪人协会就会登上历史舞台,当所有这些元素一一具备时,中介就成了一个专业的行业,我们称之为中介服务业。

让我们通过美国、日本及我国台湾和香港的中介服务业发展历史回顾一下这个过程。

在美国城市化和工业化的早期发展阶段,新房市场处于绝对的主导地位,二手房交易市场规模很小,且主要存在于熟人之间或者近距离的陌生人之间。虽然交易双方存在基本的信任基础,但由于房屋买卖本身涉及价格谈判,且这个阶段还没有出现专业的经纪人,交易过程由当地律师或权威人士提供信用背书。后来,也就是 1910—1950 年这个很长的时间段,虽然在许多发达城市新房交易仍然占据主导地位,但是二手房交易已经出现,且住房交易的物理范围不断扩大,交易的风险和不确定性增加,信息匹配和交易安全的要求提升，于是专业的房屋经纪人、按揭贷款经纪人、资金监管服务、产权检查等产业链的不同角色也依次出现。然而，这个初期阶段，二手房交易效率仍然不高，秩序比较混乱，一个卖方可以委托多个卖方经纪人，甚至会委托 20 个经纪人帮助其寻找买家，只有最终找到买家并促成交易的那个经纪人才能获得服务佣金。因此，经纪人之间的竞争非常激烈，几乎不存在房源和客源的合作，流通效率自然也不高。

转机发生于 1970 年之后：一是二手房交易量开始超过新房，居于绝对的主导地位；二是交易本身已经不再局限于有限的地理范围，交易的复杂度明显上升；三是美国房地产经纪人协会已经遍布全美，在协会的推动下美国完成了房源联卖系统，即 MLS[①] 体系的建设和全面推广。作为房源共享平台，MLS 只接受独家委托合同，而且规定，卖方经纪人在签订独家代理委托合同之后的 72 小时之内，应将相关的房源委托合同信息输入系统，这些信息通常包括房屋的位置、户型、卖方的出价、委托期限（通常90 天）以及佣金率和佣金分配比例等。由于绝大部分经纪人或经纪公司成为协会会员，基于 MLS 的房源合作网络快速普及，成为全美经纪人最为重要的行业基础设施。正是基于这个基础设施，美国才会出现一批全球闻名的特许经纪品牌，如 21 世纪、KW、RE/MAX 等，且这些品牌全部都是 1970 年之后成长起来的。不仅如此，MLS 合作网络的建立也催生了一系列提供衍生服务的供应商，例如房屋美化、经纪人培训、软件服务、互联网信息服务等。总体上，美国围绕二手房交易产业链创造的价值超

---

① MLS（multiple listing service，多重上市服务），由本地的经纪人创建，实施会员制，要求所有会员在拿到房源委托的 72 小时内必须将房源上传到统一的共享房源库，只有会员才能查询这些房源信息。

过 1 500 亿美元,也创造了数百万名产业服务者,其中房地产经纪人超过 150 万名、贷款经纪人超过 50 万名,还有大量的资金流通环节的专业角色,构成一个庞大的就业群体。可以说,在今天的美国,无论是产值创造还是就业创造,二手房行业的整体贡献度都远远大于新房。

日本的中介行业发展史也是时代的产物。1968 年经过 20 多年的房屋大开发浪潮,日本住房存量已经很大,套户比大于 1,大部分家庭已经拥有自己的住房。也就是在这个时间点,日本最大的房屋中介公司三井不动产中介成立。在三井之前,日本的中介行业也是相当混乱的,信息和价格不透明,消费者无法判断市场的真实情况,中介行业由许多分散的小门店主导,任何一家小公司都无法掌握全面的市场信息。此外,由于缺少专业的价格评估信息,税费计算也无从谈起,买家不知道自己要准备多少房款,卖家不知道如何报价。三井不动产中介成立之后,在几个方面进行改革,经过几十年的努力,也彻底改变了日本中介行业的口碑。具体而言:一是招聘大学生,入口严格把关。二是坚持持续的经纪人培训。一个经纪人要经过 3~4 年的学习培训期,并取得专业的资格证书,具备金融、建筑、交易等方面的专业技能,才能独立签约。三是解决交易风险。如果因为经纪人失误导致消费者出现资金风险,则公司赔偿;如果是法律问题,则公司协助打官司。四是推动不动产说明书的全面普及。对于潜在的风险事件,如高压线、房屋安全隐患等,必须现场检查,给消费者提示。五是价格评估,挂牌价、税费、登记费用等交易费用事前非常准确地确定,精确到“元”,做到“一房一价”。经过这些方面的做法及其他中介公司的效仿,日本中介走向规范,其消费者服务品质是全球最好的国家之一,中介费率达到 6%,经纪人平均从业年限超过 10 年,年度流失率只有 3%~5%。

香港中介服务业的源起与进步始于中原。香港中原于 1978 年成立，在此之前一段很长时间，香港并没有真正的经纪人，一栋楼的保安往往起到了房屋交易的作用。由于保安经常在楼栋里出现，业主比较信任，卖房的时候就让保安帮忙，客户看房时也找到这个楼的保安。这个时候，也不存在明确的中介服务费，业主给保安一点费用，也没有明确的规定，没有标准费率的概念。随着中原的成立、发展与壮大，香港中介的服务也逐步规范，各种标准有序建立。今天的香港市场形成了非常专业的服务分工，经纪人负责签约前的看房、匹配与谈判，收取 2%～3% 的中介费；律师负责签约后的过户、贷款等风险把控，收取一笔 1 万元左右的律师费。对比来看，这个风险把控的工作在日本由专业的代书角色完成，在香港由律师完成，在美国则由专业的资金监管服务公司完成，在欧洲大部分国家也是由专业的服务人员完成。如今的香港中介服务行业已经十分成熟和规范，中原、美联等几家头部中介公司占据了 70% 以上的市场份额，消费者对于购买二手房和新房的服务需求都能得到良好的满足。

台湾中介服务行业的发展也经历了一个漫长的演化过程。20 世纪 80 年代之前，"黑中介"依然大量存在，大部分中介公司在写字楼经营。业主为了卖房子，自己会选择登报纸、打广告，那时候的中介行业有一句话就叫"早起的虫子有食吃"——早起查看当天的报纸，早晨 7 点就开始给业主打电话。还有一种流行的获客方法叫"夜袭"——很多经纪人晚上 7 点开始挨家挨户按门铃，问业主要不要卖房、要不要买房，一直到晚上 11 点。这就是当时中介服务的水平，竞争很激烈，但是竞争发生在低维度；在这个维度的竞争越激烈，消费者评价越低，越给行业带来负面口碑。不仅如此，借助于买卖双方的信息不对称，"吃差价"在当时的台湾市场也很普遍。后来，太平洋房屋最早学习日本，开始转向门店经营和商圈经营,开启了台湾中介行业发展进步的开始。成立于 1981 年的信义招聘新人,调整薪资待遇方式(降低提成、给予底薪保障),通过发放底薪和团队资金等方式,把经纪人之间的收入差距尽量拉平。信义是非常重视招聘的公司,从始至终都是如此。那个时候的信义只招新人和大学生,招好人、让他们留下来,这极大改变了中介行业"黑中介"的形象,也使得信义不断赢得客户的口碑。在此之后,信义率先改变门店装修标准,提升门店形象,以公司能力的建设为中心而不是以销售冠军为中心,最早在电视等媒体的黄金时段做品牌推广,不断推出"不吃差价"、漏水保固、针对交易风险推出三方签约等一系列服务承诺,不断打造差异化的公司品牌,形成与其他中介公司的区分,通过品牌塑造解决房源和客源问题,让客户主动上门找信义。品牌带来口碑,口碑带来规模,规模产生效益。在信义的引领之下,中介行业不断进步,特别是后来行业协会推出了"人必归业、业必归会",在一定程度保障了经纪人的权益,消费者买房与卖房只能通过经纪人,中介费 6%,双方各付一部分。由此开始,人们普遍认为中介服务是一种新兴行业,消费的认可度不断提升,吸引大量的年轻人和新人的进入,由此重构了行业的人才供给模式,而信义则提供了最优质的供给。

我国大陆中介行业的起步和发展则始于 1998 年房改。那个时候人们的购房意识并不浓厚,并没有形成"买房卖房找中介"的普遍认知,最早的一批经纪人和经纪公司主要从事租赁、公房上市再交易等业务,吃差价是最为普遍的生意模式。后来随着房改的推进和不断深入,先富起来的一批家庭开始购买商品房;也有一些富裕家庭、个体工商户、政府公务员、国有企业管理者开始卖掉以前福利分配的公有住房,置换更大的、更舒适的住房。那个阶段,买卖双方的经验都不多,二手房交易流程并不复杂,客户可选的房源也不多,同时客户对经纪人这个职业是陌生的,甚至觉得有些神秘。客户虽然对经纪人有一定的依赖,但是对专业方面的需求并不强烈。当时经纪人队伍中有很大一部分人是本地下岗女工和外迁到城市的中年女性,她们有丰富的社会经验,对工作非常渴望。那些在服务上稍微好一点的经纪人很容易让客户感动,转介绍是优秀经纪人开发客户资源的主要方式。而另外一些对客户有强烈逼迫感的经纪人也能取得一定的成绩,但纠纷和投诉也会比较多,在业绩可持续性上有很大的问题。总体上,在这个阶段,二手房市场虽然在增长,但总体上体量并不大;即便是一线几个城市,也都是新房主导,经纪人队伍发展得并不是很快。

从中介公司的发展情况来看,信义1993年进入上海,中原1995年进入上海,美国21世纪在2000年前后被引入中国。总体上,以我国台湾模式、香港模式,及美国模式为代表的"信义派""中原派""21世纪派"文化为我国大陆的中介行业带来了早期的认知启蒙。

北京的二手房交易起步于1994—1995年市场化改革时期,那时公房可以转为个人产权,这为房屋交易创造了条件,中介公司开始陆续出现,主要从事房屋租赁和换房的生意。2000年北京允许已购公房上市交易,之后二手房成交量出现第一波繁荣周期,从2001年2万套上涨到2007年金融危机之前的10万套,市场容量扩张4倍。我爱我家、链家、中大恒基也在这一阶段成立和扩张,起步于天津的天津顺驰地产有限公司也在这一时间段高调进入北京市场。

从全国的情况来看,2000年前后一大批本土中介公司如雨后春笋般涌现:1999年好旺角在大连成立;2000年我爱我家在北京成立,麦田在福州成立,满堂红在广州成立;2001年北京链家成立,深圳世华房地产经纪有限公司成立;2002年上海德佑成立。同时线上化也在起步:1999年北京房天下成立；几乎是同一时间，安家网在上海成立，这是中国最早的二手房网站之一。房天下、安家网以及后来成立的安居客从线上发起对中介行业的创新与变革。可以说，大陆中介行业的线上与线下是并行发展的，且线上的人才和资本优势在那个时候远远超过线下。北京搜房信息科技股份有限公司在创业之初，就拿到了高盛的投资。此外，也正是这个时间段，房友、易傲、好房通等软件服务公司先后于 2002 年、2005 年、2008 年成立。

可以说，1998—2008 年这十年是中国中介生态最早的孕育期。中介行业起步之初，行业还处在一个野蛮发展、乱象丛生的时期，消费者与中介公司、经纪人之间会爆发众多利益冲突，其中最突出的便是中介公司借由买卖双方之间的信息不透明，以赚取双方的差价谋利。吃差价、押房子是比较普遍的商业模式，尤其以天津顺驰地产有限公司的"资金模型"为代表。然而，从事后发展看，几乎所有吃差价的公司都消失在历史长河中。吃差价的本质是人为阻碍了信息的流通，"吃"不出规模。更重要的是，吃差价的能力不可复制，新人难以成长，"肥上瘦下"，组织被短期利益绑架，无法增长。因此，虽然这个阶段的中介服务总体不规范，主流模式是吃差价，然而正是那些在早期率先提出不吃差价的公司获得了这个时代的最大红利，在众多竞争对手中脱颖而出，成为后来的胜出者。例如，2003 年广州满堂红率先推行"三方合约、不吃差价"，2004 年链家提出"实价报盘、不吃差价"，2005 年大连好旺角提出"不吃差价"。总体上，"不吃差价"才能实现规模化，才可以活得更久更好。链家在 2004 年 10 月明确提出了"实价报盘、签三方约、不吃差价"的阳光操作模式，并不断建立和定义更多的服务标准，例如签约风险提示，投诉全线公示、单单公示、进度公示；真实成交价公示；嫌恶设施公示，如附近有坟地、高压线、工厂、加油站,还有隐性的凶宅筛查等。总体来看,这些服务标准主要是围绕信息透明、交易安全这两个角度展开的,这也是当时消费者对交易的主要诉求点。相应地,当时中介行业作为一个整体在服务上的进步主要体现在两个方面:一是不吃差价,二是资金监管。

2008—2015 年是我国住房大发展、购房需求大爆发的阶段,这个阶段的刚需和投资需求是最为显著的,这也导致潜在的购房者对经纪人的服务需求也呈现出鲜明的特点。一方面,客户对房子的需求远远大于对人的需求。由于房价快速上涨,买到房子是客户的核心诉求。买房决策快,决策周期短,成交快,一切都很快,中介服务拼的是速度。经纪公司或经纪人的核心竞争力是拥有更多的房源信息,尤其是别人没有的独家房源,可以说是得"房源者得天下"。客户选择某个经纪人,往往不是因为经纪人的服务本身有多好,而是因为他手里有房。也正因如此,大部分中介公司的经纪人都不愿意把自己手里的房源分享给同伴,特别是稀缺的优质房源更是自己"窖藏"。公司与公司之间围绕房源委托的竞争也非常激烈,甚至会通过资金对赌等形式"压房",从而掌握优质资源。另一方面,业主对经纪人的需求主要集中在挂牌环节。因为市场太好,房子容易卖,业主相信只要房子挂出去,就会源源不断地吸引客户的到来,而且业主对自己想要出售的价格也很自信,毕竟这是卖方市场。既然如此,业主认为经纪人之间并无差异,找任何一个人挂牌都可以。相应地,经纪人之间的竞争也主要集中在挂牌环节,而且争夺挂牌权的主要手段不是服务,而是通过抬高挂牌价等不合理手段。这样做的结果是拉高了业主预期,导致后续出售难度加大,也导致业主对经纪人产生不信任。总体上,这个阶段的经纪人往往只是简单信息的提供者,主要的服务行为是挂牌和带看,通过简单挂牌和随机带看,以概率事件带来成交,专业价值无法体现。自然地，客户对经纪人的价值不认可，认为中介费不值得。这进一步导致客户与经纪人之间的博弈或对立关系。

从中介公司的发展阶段情况看，这个阶段主要比拼的是规模和速度。由于消费者主导需求是刚需和投资需求，买房需求清晰明确，决策周期短，对中介服务的要求并不高。在很多公司看来，给消费者提供的最好服务就是以最快的速度帮消费者买到房子。因此，竞争的核心是掌握多且优质的房源，背后考验的是公司的人店规模。在一定程度上，规模等于效率，规模也意味着服务品质。

众所周知，自 2016 年以来我国房地产市场在诸多方面开始发生根本的转变。政策上，"房住不炒"成为主基调，稳房价始终都是一个主要的调控目标，这意味着房价快速上涨的时代过去了，房子的投资属性和金融属性开始弱化，住房开始回归更基本的居住属性。特别是随着 2022 年房地产市场的下行调整，过去 20 多年量价齐涨的时代过去了，卖方市场快速转向买方市场，市场上大量在售房源，卖房变得越来越难。在很多城市，二手房在售库存量超过 10 万套，月均交易量只有 3 000～5 000 套，库存去化率只有 3％～5％。反过来说，买房也变得越来越难，当房价停止上涨，"买到等于赚到"的时代过去了，买对成为消费者的核心诉求，潜在购房者不仅担心未来的房价下跌，也要考虑未来变现与流通的可能性。特别是当住房成为一个居住品，而不是投资品的时候，人们开始更注重居住相关的元素，例如生活圈配套、物业服务、邻里文化等诸多影响居住品质的内容。所以这一切都意味着买卖双方都对经纪人的服务需求提出更高的要求，例如全面和准确的信息同步和分析，专业、规范、安全的交易服务，以及完成交易之后对于房屋的保洁、维修等售后服务。

通过简单的回顾，我们可以发现中介行业作为一种服务业，它的诞生、发展与进化是大时代的产物,是随着市场变化和客户需求的变化而不断演变的。只有当住房存量达到一个临界值,随着越来越多的人通过二手房市场解决居住需求,且交易复杂度不断上升、交易风险管理变得更加重要的时候,中介服务才成为一种"必需品"。特别是伴随着消费者对服务品质的追求越来越高,中介行业也会出现持续的进化与变革,以响应更高的消费者要求。国外的中介发展与进化始于 20 世纪 70 年代,那个时候西方主要发达国家逐步进入存量市场,新房供应量显著下降,中介服务才逐步实现规模化、连锁化,并形成一批专业化的经纪人群体。我国的中介起步于 1998 年房改,大发展于 2008 年之后,经过 20 多年的发展,目前的行业生态初具轮廓。面向未来,随着换房与改善需求不断增多、连环交易复杂度上升以及客户年龄不断增长,客户的变化必然会导致中介服务的内涵与外延都发生重大变化。无论行业如何变迁,这一切的背后是由消费者决定的,消费者决定了什么样的经纪人最终会生存与发展,也会最终选择和允许哪家公司发展壮大,甚至也最终决定了中介行业的整体存在价值。

中介服务的本质

当我们探讨了中介服务的发展历史,紧接着就会提出一个更根本的问题:中介服务与其他一般服务业有什么本质不同吗?

服务无处不在,每个人每天都在接触各种各样的服务,然而只需通过直观的感受,我们就能轻易发现经纪人和中介公司所提供的服务具有非常鲜明的独特性,或者说差异化属性。

第一，中介服务是以经纪人为核心载体的服务，服务提供者本身就是服务不可替代、最为重要的组成部分。如同心理治疗没有医生、理发没有理发师，如果买卖二手房没有经纪人，这项服务本身是不能进行的。大部分服务都是无形的，不能像一般的纯粹商品交易那样，给消费提供明确的、有形的购买内容。然而，正是因为服务者的存在，将无形的服务具体化。这也是经纪人自身的形象、穿着、仪表等外在因素同样重要的原因，这些因素才让服务本身变得更加具体、更加鲜活，也更加具有辨识度。同样，也正是因为中介服务的无形性，消费者无法在购买服务之前看到或感知到服务的好坏，为了降低选错的不确定性，消费者需要寻找支持服务质量的证据，而经纪人的职业形象、学历、从业年限、社区深耕时长等因素都是能够"显示"服务品质的"证据"。此外，作为以人为载体的服务业，经纪人是连接公司与消费者之间的桥梁。在买方或卖方眼中，经纪人就是公司，经纪人代表着公司是什么或试图成为什么，经纪人传递着有关公司形象的几乎所有信息。

第二，中介服务的提供者与消费者往往是同时出现的，消费者本人就在服务现场，经纪人与买卖双方的现场互动是最重要的服务交付。这可以称为中介服务的现场性与互动性。这个特征意味着消费者实际接受和感受到的服务体验在很大程度上取决于服务现场的互动体验，且这种体验因为人的不同而极大不同，经纪人服务的方差必然会非常明显。明白这一点后立刻就能明白，中介公司为了提供良好的、一致性的服务体验，就必须构建完善的经纪人招聘与培训程序，招到合适的经纪人，并为他们提供良好的培训——这是控制服务方差、提升服务质量的关键因素。

第三，服务互动的过程本质上是一种说服过程，说服的核心是信任。任何一种服务业都不太可能像中介服务这样，服务者需要取得客户的信任,才能顺利完成服务过程,保证服务体验,提升服务效率。经纪人的主要工作内容是为客户提供专业咨询服务,在提供服务的过程中,经纪人通过与客户沟通和传递各种信息来理解客户的需求,并说服客户接受某项建议和观点。例如,在二手房卖方服务的过程中,经纪人需要说服卖方提供身份证、产权证等涉及客户核心隐私的内容,也需要说服卖方留下钥匙便于带看、说服卖方把房屋的销售权独家委托给他、说服卖方降价或调价以符合市场走势、说服卖方支付佣金、说服卖方办理资金监管以保证交易资金安全等。如果其中任何一个环节没有说服卖方,业务就无法再进展下去,业主也不会对经纪人前期所付出的大量工作表达认何,经纪人也无法收到最后的佣金业绩。因此,说服是经纪人的主要工作目标。然而,从心理学角度看,说服作为一种心灵互动的过程,它的基础是信任,并在诚实可信的基础上理解客户的需求,提供符合客户需求的产品和服务。卖方与买方会判断经纪人的可信度,他们不会简简单单地就通过某个人买房或卖房,除非他们确定这个经纪人是值得信赖的。

反观现实,在我国的中间人机制下,经纪人不代表任何一方的权益,买卖双方都无法确定经纪人是否代表自己的权益,于是在买卖交易的过程中,业主的天然倾向是定高价,买家的天然倾向是出低价,业主委托价与真实成交价之间的价差大,撮合谈判的难度极其之高。在实际作业中,为了促成成交,拿到佣金,经纪人的自然选择往往是"捏软柿子":市场好时,"欺负买家";市场不好时,"欺负卖家"。实际上买家与卖家都深知这一点,他们与经纪人的天然界面就是不信任,甚至听到经纪人说话就紧张,担心被骗;甚至还有很多经纪人通过假客户、假带看等手段促进业主降价。在这种情况下,经纪人也害怕客户,成交之后甚至不敢再与他们联系,见面都要躲着走,谈不上售后的持续服务,更不可能产生口碑与转介绍。一切从不信任始,又终于不信任。这是最差的服务负反馈,最终的结果一定是最差的体验和最低的效率。因此,新时代的中介服务业要想树立更好的客户口碑,必须从重建信用开始。因此,经纪人表面上交易的是房子,本质上交易的是信任,一切都是人与人之间的信任交换。

第四,中介服务的提供者不只是一个人,而是包含多个角色的团队协同或多人合作。在一次交易过程中,哪怕在同一个中介公司,客户也可能会联系多个经纪人。据统计一次成交需要40组带看,剔除重复客户找同一个经纪人多次带看的情况,至少会涉及20个经纪人,这只是带看的环节;在谈判与签约环节,买卖双方的经纪人都会参与,以及每个经纪人对应的师傅和店长,这个过程至少会涉及5个人。在网签、过户、按揭环节,又需要过户专员、交易管家、金融服务人员以及对应的师傅和店长辅助,这个环节会涉及6个人左右;如果考虑到房源在初始挂牌、呈现、推广环节,这里还会包含房源的录入人、房屋摄影师和VR拍摄师等3名以上经纪人参与。简单计算就会发现,这一次交易大约需要30人一起参与。可见,这是一种多么复杂的协同关系,这不仅意味着服务一个客户的潜在成本是巨大的,也意味着为了给客户提供良好和完整的服务体验,就必然需要多个服务角色的合作与协同。好的体验一定是团队作战的结果。对于经纪人来说,他需要向其他经纪人或相关合作伙伴传递他的合作信用,否则他的交易就无法顺利进行;对于一些缺少经验的新人来说,他就非常需要师傅与店长的帮助。因此,建立互信的组织氛围、相互帮扶的团队文化对于服务的成功是非常关键的。对于中介公司来说,服务管理的巨大挑战就是管理多元复杂角色之间的协同关系,这里涉及角色的定位、权责的确认、利益的分配、绩效的设计等诸多管理问题。一家大公司之所以会变大,或者说,一家小公司之所以一直是小公司,背后都与这个问题相关。

第五，买房与卖房的过程包含了非常丰富的感性因素，这也决定中介服务的交付过程充满了感性因素，只有恰到好处、刚刚好的感性服务才能创造超越客户预期的服务体验。从交易心理学上讲，购买决定的本质是情感，人们会感情用事，然后用理性逻辑将其合理化。房屋交易也是一样。无论是买房还是卖房，都是一连串情感和心理状态的叠加过程，有时这个过程是"过山车"，时而喜悦、时而焦虑，整个过程中，伴随着各种各样的担心害怕。例如，以下几种常见的心理状态：找这个中介靠谱吗？听说他们品牌形象不太好？价格是不是太贵了？手续太麻烦了，到底该在什么时间准备什么备件？

因此，经纪人提供服务的过程本质上是一次典型的心理互动过程。经纪人不仅要把产品的说明、服务的标准和流程以非常专业、清晰、流畅的表达演示给客户，也要在说明、表达、传递信息的过程中表现出亲和力、自信和礼仪，让服务过程情感化，而不只是单纯的理性服务。因此，从这个角度看，经纪人的核心功能应该是通过专业和服务，以信任为基础，站在客户的立场，传递客观真实的信息，帮助消费者做出对他们而言最好的决策，特别是在消费紧张焦虑的时候通过情感的传递给予他们合适的"心理补偿"，最终达到交易。除此之外，在提供服务的过程中，有的经纪人会主动积极地加深与客户的情感联络，在节假日会送上衷心的祝福、在见面的过程中会送给客户一些家乡小礼物等。这些交流、交往以及日常高频的沟通交流，会逐渐给客户留下很好的情感印象，从而逐步与客户建立起宝贵的信任关系。

第六，消费者对于服务品质的事前评价比较困难，这导致客户依赖口碑而不是广告选择服务者，且他们对那些令人满意的服务者会产生忠诚。

一旦产生客户忠诚,客户的转换成本会很高,这意味着在下一次及未来多次重复交易中,消费者的惯性使得他们会选择同一个经纪人或同一个品牌。理解了这一点,经纪人和中介公司应该明白有三个件事情非常重要。一是品牌很重要。无论是经纪人,还是中介公司,都需要建立差异化的品牌元素,这些元素必须能够证明服务的质量是有品质保障的,从而方便潜在消费者识别和选择。二是标准化服务流程和服务承诺很重要。为了向潜在消费者传递信心,让潜在客户放心选择,中介公司必须在客户关注的核心利益上进行充分的保障或承诺,例如交易安全方面的公开承诺。三是及时响应客户的不满,更重要的预防未来可能重复发生的不满。这意味着中介公司需要快速解决客户的投诉,以最快速度解决客户的不满意,把不满意客户变成满意客户。特别是随着社交媒体的发展,客户的权力被明显放大,不满意的客户非常方便地与朋友甚至陌生人分享自己的糟糕体验,从而无限放大公司的负面口碑,形成不可估量的长期冲击。

经纪人的六大价值

理解了中介服务的本质属性,我们进一步分析经纪人在提供服务的过程中,到底传递、创造、增加了哪些不可替代的价值。现代市场营销学认为创造和增值决定了营销的成功。那么,在经纪人与客户的服务互动中,可以创造或增加哪些核心价值呢?具体见图4.1。

图 4.1　经纪人的六大价值

第一,节省时间和交易成本。买卖双方之所以需要一个经纪人在中间提供服务,而不是选择直接交易,最根本的原因是经纪人的存在降低了交易成本,节省了时间。这是因为:其一是降低信息搜索成本。基于长期的本地化信息和经验的积累,经纪人更熟悉特定区域内的可售房源信息,更能及时地更新房源的在售状态,也能更加专业地判断价格的变化及潜在走势,从而有足够的专业能力帮助消费者筛选房源搜索的范围,提升房源匹配的准确度。而如果买方自己搜寻房源的话,那么他能获知的信息的范围、数量、质量都会受到影响,这反过来会影响他最终购买的房屋的价格以及买对的概率。其二是降低选房和看房成本。经纪人可以在众多潜在买家中进行初步筛选,将买家的若干偏好与业主的房源特征进行匹配,从而减少无效看房,节省时间。其三是降低交易流程的处理成本。经纪人可以协助双方更加容易地完成交易流程的处理。房屋交易本身是一件极其复杂的事情,签合同、产权、资金结算等。尽管在产权信息的提供以及资金流转方面,可能会出现一些其他的第三方机构,但是大部分交易细节的处理,买卖双方都需要专业经纪人的协助才能完成,从而最大限度地节省时间和精力。

许多人认为随着互联网和信息技术的发展，经纪人在提供信息、节省时间等方面的价值会降低。然而，信息的富足带来注意力的贫乏，表面上看，信息是无形且免费的，但事实上它消耗的是人们最宝贵、最稀缺的注意力。一种资源的丰富会造成另一种资源的贫乏。如果说人们获得信息的成本几乎为零，那么处理信息的成本必然会大幅度增加。这也意味着经纪人的信息价值不是减少了，而是增加了，只不过从过往的简单信息传递变成日益复杂的信息加工和处理。

第二，意向匹配。表面上看，成交是供求匹配的过程，也是业主与客户相互选择的过程，从而从本质上讲，成交取决于意向匹配，它是业主的出售动机与客户购房动机之间的深度探询与意向匹配过程。在大部分情况下，买方的需求特征都是一系列漫长的清单，包括支付能力、地段、面积、户型结构、用途、贷款信用等。因此，如何厘清和清晰定义买方的需求往往是一件极其复杂的事情，甚至买方自己也无法清楚表达。在这种情况下，一个专业的经纪人可以帮助买方在不同需求条件之间进行权衡、排列或重构，从而确定一个可以实施的需求偏好。一旦确定买方的需求偏好，加之经纪人对在售房源信息和业主出售心态的掌握，经纪人的功能就变成一个将需求偏好和在售房源进行精确匹配的过程，也只有在这种情况下，匹配和成交的效率也才是最高的。

第三，定价和议价。其一是合理定价。为了合适地定价，卖方需要了解市场上不同房屋的相对价格情况。业主必须知道一定时间范围内和一定地理范围内已经出售和正在出售的房屋价格，只有这样，他才能通过比较给自己的房屋定价或者设定一个价格区间。如果没有经纪人的帮助，业主对房屋价值进行评估是一项极其复杂的工作，因为不仅每一个房屋在物理和地段特征上是不同的,而且可比房屋的实际销售价格往往也是极难获得的。其二是及时调价。价格是由市场决定的,高效成本的关键在于让房源的价格走在市场之前。经纪人的核心价值就是通过及时的市场信息同步和加工,让业主知悉市场行情的动态变化,及时调节挂牌价格,以领先于市场变化,争取在既定的时间框架内达成交易。

第四,降低和规避风险。众所周知,房屋交易中的不确定性因素非常多,这带来了许多不可预期的潜在风险,例如签前、签后的查封风险等。在这种情况下,经纪人或经纪公司必须提供风险识别和风险防范的保障,甚至需要提供明确的交易安全承诺,一旦出现风险,由公司或第三方保险公司承担。在美国等成熟市场,产权保险行业比较发达,交易风险由其解决。在中国主要由经纪公司来承担,例如通过严格的资金监管控制资金流转过程的潜在风险,通过细致的产权调查尽可能全面地了解房屋的产权信息、抵押信息等,从而可以提前控制可能发生的风险。

第五,提供心理补偿。考虑到房屋买卖决策是复杂性决策且具有许多感性因素,客户在决策过程中很容易受到外界因素的干扰和自身心理因素的影响,这些干扰和心理因素的影响会严重拖延和阻碍交易的正常进行,甚至会错失交易机会。在这种情况下,经纪人提供某种程度的心理补偿可以推进交易的顺利进行。

心理学研究表明,客户在决策过程中常见的心理影响包括恐惧与担忧、自身利益最大化、从众心理、损失厌恶等。这些心理因素是客户正常的心理反应,是人类在漫长进化过程中的自然反应。这个时候经纪人要做的就是要顺应人性,能够给予客户恰当心理补偿,让客户有良好的心理体验,顺利地完成交易。例如,客户在单独做出购买决策的时候会有担忧和恐惧心理,担心买贵了,担心买错了,担心家人的埋怨等。在这种情况下，如果经纪人可以集中安排带看，让更多客户在某个时间段集中看房，客户做出购买决策的恐惧和担忧就会少很多，创造带看人群密度可以一定程度上创造稀缺，满足客户的从众心理，从而缓化解客户的恐惧心理。此外，客户在签约的过程中，从心理上期望中介费有一些优惠，但是如果经纪人能够把透明收佣、不收按揭服务费、没有额外收费等客户利益传递给客户，客户对佣金优惠心理需求就会有一些补偿。

总而言之，客户的决策机制存在非常多的心理干扰因素，经纪人要做的就是给客户提供某种恰当的心理补偿，让客户的决策更加客观、更加高效，避免错过机会。当然心理补偿技能是经纪人工作中最难掌握的技能，也是最有技术含量且充满乐趣的工作。优秀的经纪人会通过大量收集案例，模拟不同的场景下哪一种表达、沟通或信息解读方式对客户的心理补偿效果更好，甚至还会策划、导演、执行各种服务过程，从而让客户获得心理补偿和极佳的买卖体验。

第六，房源营销。从业主的利益角度看，只有更多的潜在买家感兴趣，卖家才有可能最终找到那个愿意出价并有支付能力的买家。因此，越大的房源曝光度就意味着越多的交易机会。如果没有专业的经纪人协助进行广告宣传或营销工作，房源曝光度将会受限，房源无法吸引客户的注意，也无法吸引经纪人的关注，成交概率会明显降低。特别是在买方市场条件下，成交难度加大，大量滞销库存的存在意味着许多在售房源是没有关注、没有被看机会的。在这种情况下，经纪人的营销价值就会明显提高，包括对房源的定价策略、包装和加工策略、推广渠道等给出合理的建议，并全面实施房源销售的全过程，既要对内部合作经纪人进行推广，又要对外部潜在客户进行推广。

七大问题

尽管我们已经认识了中介服务的特殊性以及经纪人存在的核心价值,但是在现实的服务供给过程中,与各行各业相比,消费者对中介行业和经纪人的不满意度在全部服务业中仅略好于家装行业。在消费者调查中,电话骚扰、假房价、隐瞒房屋真实信息、中介费与提供的服务不匹配等是客户最不满意的方面。根据上海市消费者权益保护委员会与上海社会科学院联合公布的一份针对中介服务满意度的调查报告,普通消费者对各类经纪公司的满意度只有11%,远远低于其他行业,而52%的被调查者明确表示不满意。从深圳市房地产中介协会统计的数据来看,他们每年接到的消费者投诉中,交易纠纷占比高达59%,例如税费、学位、户口、装修等多方面信息不实所引发的交易纠纷非常普遍;其次是资金纠纷和服务质量以及违法违规问题。

还有更有价值的满意度指标叫作NPS值(净推荐值),它反映的是消费者口碑,即消费者是否愿意把经纪人或经纪公司的服务推荐给其他人。这个指标非常普遍,也相对容易调查,因此它可以成为经纪行为的常规指标。据调查,当前大部分经纪公司的NPS值为−30及以下,口碑最好的经纪品牌也只是略大于0,可见消费者对经纪行业的服务总体上很不满意。除了NPS之外,还有一个指标也可以反映消费者满意度,这就是客户来源中重复交易和转介绍的比例。这是一个经营指标,每个公司都很容易获得。从美国经纪行业的总体情况看,无论是房源委托端,还是客户来源端,重复交易和转介绍比例都超过50%,这是美国经纪人最重要的获客渠道,也是成本最低的渠道。相比之下,大陆最好的直营连锁中介品牌,国内这个比例也只有 20% 左右。

那么,客户不满意是如何产生的呢？它背后的问题又是什么呢(见图4.2)？

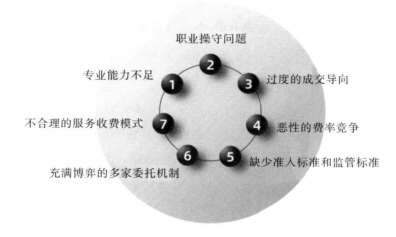

图 4.2　客户不满意的七大问题

第一,专业能力不足。静态地看,经纪人的专业能力是远远不足的,不仅包括基本的信息处理和加工能力,也包括良好的沟通互动、销售技巧、建立信任、创造长期客户关系等更高等级的能力,都是十分欠缺的。动态地看,随着市场的变化、买卖交易复杂度的提升,客户对经纪人专业能力的要求和期望是不断提高的,而经纪人专业能力的提升速度远远跟不上客户的要求,达不到客户的期望,从而导致客户实际得到和期望得到的服务之间的落差越来越大,产生更多更大的不满意。从根本上说,经纪人能力不足问题又源自中介公司对招聘和培训的投入不足。在市场红利期,中介公司的招聘标准非常宽松,什么人都招,既缺乏明确的用人标准,也缺少选人、育人、留人标准；只重视人员的规模，忽视人员的质量，潜在的假设是人多就是竞争力，人多就能抢到更多的交易机会和更大的市场份额。一旦市场转向下行周期，经纪公司利润率下降，对人员投入的能力和动力进一步下降，甚至会直接裁员关店。经纪人流通率跟随市场呈现周期性波动，等下一次变好时，再不加选择地进行招聘，导致经纪人群体的大进大出、周而复始。表面上看，中介行业有 100 多万名经纪人，实际上长期职业的人数非常少，从业年限长一点的经纪人又以很快的速度晋升了店长，真正的职业经纪人少之又少。

第二，职业操守问题。任何一个职业之所以成为一个职业，一定是因为它形成和具备一套完整的职业标准、职业底线、职业信仰甚至职业伦理，这一切可以简单地归纳为职业操守。消费者对经纪人的不满意表面上是专业能力问题，更多的是职业操守问题。例如，作为一个经纪人，应该具备基本的职业底线，如不骗人，不隐瞒信息，不提供未加验证的不实信息，不捏造信息，更不利用信息不对称"吃差价"。任何一个服务者都需要赚钱，这点无可厚非，经纪人也是如此，但是逐利而不唯利，赚该赚的钱、做该做的事，这些都应该成为所有经纪人坚守的基本价值观。此外，不诋毁同伴、不诋毁同行是中介行业应该倡导的基本职业伦理，如果行业的信任土壤被破坏了，那么任何人都不可能独善其身。

第三，过度的成交导向。在过去的单边上行市场和卖方主导的市场，成交周期短，成交速度快，对于经纪人而言，"抢成交"就是最好的生存策略，通过人海战术，有组织、有计划地抢夺市场占有率就是最好的竞争策略。在这种经营理念下，衍生出来的服务逻辑一定是：其一，获取房源重于维护业主。大量依靠购买业主资料、洗盘等一切能够快速获取房源线索的手段来拿到尽可能多的房源，而非通过社区经营、潜在业主的激发获得委托和报盘,"打电话"几乎是每一个经纪人每天的重要工作,也成为经纪公司最重要的量化管理指标之一。其二,大量推房重于需求分析。卖方市场,买到是客户的核心需求,成交的核心是速度,第一时间把新上房源推给客户、第一时间带客户看房、第一时间约双方谈判,通过大量的概率匹配和销售漏斗转化实现快速成交,中介公司管理和考核的量化指标也主要是带看量和带看成交比。其三,成交导向优于客户导向。经纪人对所有带看的房源都只说优点,不客观,不中立,急于成交,而不是换位思考,想消费者所想、忧消费者所忧。甚至内部同事和外部同行之间相互搅乱,宁可搅黄打乱消费者的交易进程,也要将资源和成交保留在自己手上,客户体验极差,造成对中介行业整体上的不信任。

第四,恶性的费率竞争。中介的竞争通常有两种形式:一种是价格竞争,通过中介费率的高低来竞争;一种是服务竞争,通过服务品质的高低来竞争。相应地,低费率的结果是低品质,从而导致极差的行业口碑和经纪人的高流失率。只有稳定和合理的中介费率,才有可能保障经纪人的合理收入水平,提升经纪人的平均从业时长,让行业良性竞争。然而,过去的中介竞争以价格战为主,通过低费率抢夺成交机会,这种恶性竞争产生的负面结果是显而易见的。一方面,相比于发达国家和地区,我国大陆的中介费率不但不高,且已经是最低地区之一。美国、日本、德国及我国台湾的费率达到6%,这属于高费率国家和地区;法国5%、加拿大3%,这属于中等费率国家;英国和澳大利亚2%、我国香港2.5%、我国大陆平均不到2%,属于低费率国家和地区(见图4.3)。另一方面,越是在费率上竞争,服务品质就越差,客户不满意度就越大,越认为中介收取的中介费与提供的服务价值不匹配,从而要求更低的费率折扣。

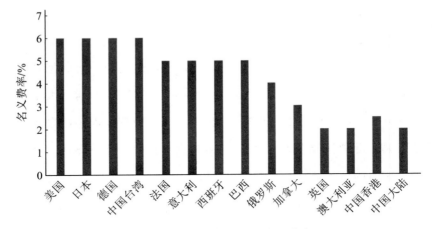

图 4.3　不同国家和地区的名义费率

数据来源:空白研究院。

以南昌为例(见图 4.4),这个城市的名义费率是 2.5%,几大头部品牌的平均实收费率只有 1.2%,小中介的收费率水平则更低,甚至没有底线。

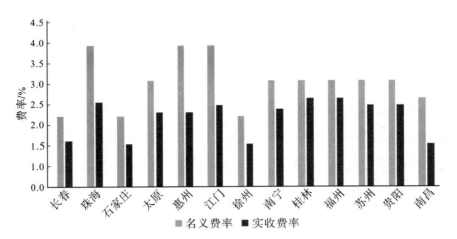

图 4.4　名义费率与实收费率之间的差异

数据来源:空白研究院测算。

经纪人、店东、中介公司都不在服务品质上展开竞争，只在费率上竞争，低费率抢客是主流模式，低品质、低费率、低利润、低投入成为自然的结果。店东和中介公司不投入，普遍采取无底薪、高提成的薪酬模式，经纪人月均流失率超过 13％，平均店效只有 4 万～5 万元。消费者、经纪人、店东、品牌主，所有各方均处于多输状态，没有任何一方获益，这是最差的行业生态。

进一步来看，虽然不同城市的折扣率存在明显差异，但大部分都保持在 30％～50％。所以，我国大陆的中介费率不仅低，而且是费率折扣最大，这是价格竞争的恶果。相比于美国，对外的名义报价是 6％，这也是协会和官方建议的水平，但是实际收取过程中，一般都存在所谓的折扣。从数据上看，美国平均的实收费率为 5.1％，属于典型的高费率、低折扣。

从这个角度看，未来我国中介行业发展的一个必然方向是从价格竞争走向服务竞争，从竞劣到竞优。只有在服务品质上充分竞争，行业才能不断提升客户满意度，从而也可能保证相对合理的费率，而稳定、可预期的费率才能牵引经纪人不断走向专业。

第五，缺少准入标准和监管标准。永远不要轻易谈论个体服务者的好与坏，好的行业规则让好人得到更多的激励，让坏人自动淘汰。中介行业在四个方面缺少基本的标准：一是经纪人执业准入标准。绝大部分成熟国家和地区，对经纪人的准入门槛都是有要求的，不仅需要严格的职业资格考试，职业过程中也需要不断复训和考核，如果不满足相关条件，或者说消费者投诉达到一定程度，就会被取消资格；除此之外，还要满足职业操守的规范要求，例如不能欺骗消费者、不泄露客户隐私、不能诋毁同行等。大陆中介行业在这方面是明显欠缺的，距离经纪人持证上岗还有一段很长的路要走。一个没有准入门槛和淘汰机制的行业，服务者的职业素养不可能得到提升。正是因为这个原因，中介行业呈现的竞争常态就是：市场好时，大量人员蜂拥而至，劣币与良币共存；市场不好时，劣币驱逐良币。二是开店限制。在成熟市场，为了避免恶性的竞争，更为了保护消费者权益，都会对新开门店设有一定的门槛。例如开店营业保证金，所有新设门店都需要向行业协会指定的官方资金账户打入一定额度的监管资金，用于赔付消费者的投诉等，额度用完，需要另外补充。再例如日本政府要求，所有门店都要配备一个代书，以保障签约和交易的安全。然而，取得代书资格需要通过严格的考试，且考试通过率只有 10％～15％，这就限制了门店扩张及其展开规模竞争的可能性，也在客观上阻碍了资本的大量进入。三是信息发布标准。中介行业本质是一种信息服务业，信息的真实性对于消费者至关重要。几乎所有国家都对信息的发布标准进行非常严格的监管，对于发布假房源的经纪人、中介公司和第三方信息平台都要实施严厉的惩罚。到目前为止，我国大陆或许是世界上少数几个仍然在大量发布假房源的地方。

第六，充满博弈的多家委托机制。通常情况下，客户与经纪人的委托关系有三种形式。

一是独家委托，即无论是业主卖房，还是客户买房，都只委托一个经纪人，这是美国模式。在美国这种委托关系下，卖方经纪人相当于拿到了一个时间期限内的独家排他性销售权，一旦有客户看上了这套房子（可能是买方经纪人推荐的客户，也可能是业主自己找到的客户），实现了成交，业主都要支付 6％ 的中介费，卖方经纪人把其中的 3％ 分给买方经纪人。这是一种典型的双边独家代理关系。还有一种独家委托是单边独家——只有卖方经纪人全权代表业主对房源进行营销推广，客户通过互联网或其他渠道获取房源信息，预约卖方经纪人看房，如果最终达成交易，则卖方支付经纪人 1％～2％ 的佣金，客户不付费。这是澳大利亚的模式。

二是多家委托，这是我国大陆中介的主流模式。业主和客户都可以选择多个经纪人，彼此之间没有真正意义上的委托关系，经纪人既不代表买方，也不代表卖方，一手拖两家。无论是买家，还是卖家，他们都没有与经纪人建立真正意义上的信任关系，从联系经纪人的那一刻起，相互之间就是彼此提防的博弈关系。这必然会导致交易过程充满不确定性：经纪人不知道自己的劳动付出能不能得到回报，所以不敢在服务上加大投入；业主不信任经纪人，所以不愿轻易告知真实的心理底价。为了获得这个底价，经纪人又会动用各种议价手段让业主降价；同时为了达成交易，经纪人还需要创造各种紧张氛围倒逼客户提价，从而导致买卖双方对经纪人的不满。在他们看来，成交的过程就是不断被经纪人"套路"的过程，这个过程充满各种话术或谎言，双方的体验都是极差的。因此在成交的那一刻，买方对于经纪人的服务极度不认可，并想尽办法要求中介费打折甚至直接选择跳单。现实业务操作中，经纪人或中介公司为了避免自己的利益受损失，通常也会选择"对赌"模式——中介公司支付业主一笔保证金，向业主索要一定期限的独家销售权，如果过期不能实现销售，那么这笔钱归业主所有。这种操作方式虽然可以让中介公司掌控房源，但是彼此之间仍然缺少信用，对赌的本质是一种变相的承诺或增信手段。

三是心灵委托，这是我国台湾和日本的主流模式。在这种模式下，虽然业主会委托多个经纪人帮自己卖房，但是在业主心中，这些人的心智份额或情感份额是不一样的，其中最被信任的经纪人将获得最好的交易条件，例如心理底价、带看的配合度等。由此可见，心灵委托虽然没有改变业主与经纪人之间法律意义上的委托代理关系，却改变了心理上的信任关系，从而减少博弈成本，明显提升交易的效率。心智份额最高的经纪人一定会拿到最好的条件，最先知道业主心态变化，最早推广房源并获得商机,最早产生带看,最早成交,一步领先、步步领先。这一切的背后都源于长期的服务和社区连接。这也是日本和我国台湾中介行业非常重视的地方,他们认为中介的核心竞争力应该建立在委托端,而不是销售端,委托的核心是通过持续高质量的社区服务建立良好的印象,从认识人到被认识和被信任,从而获得高质量的心灵委托。心灵委托的成交效率往往是一般多家委托的 2 倍左右,如果一个中介公司的委托房源有 30% 是心灵委托,那么这些委托所创造的收入应该可以达到 50% 以上。反观我国大陆中介,竞争的核心在销售端,即通过大量的广告或端口投入,在获客上进行过度竞争。竞争越激烈,端口投放成本越高,同一个客户被多个经纪人打扰,客户体验就越差,且越没有重复交易或转介绍的可能性,经纪人反过来更加依赖端口。这是大部分经纪人当下的生存状态。还有一批所谓的"老经纪人",虽然从业时间比较长,但是他们的生存模式一直依赖线上端口获客,而不是以在社区深度服务业主。那么这些人无论工作时间有多长,都很难积累真正有效的资源,所以对他们而言,收入充满不确定性,需要持续扩大投入才能获得低质量的线上商机。这些人和新人没有任何区别,我们称之为"老新人"。

通过这三种模式的对比可以看出,当下的许多问题和客户不满意与委托的形式有根本的关系,多家委托天然是不信任的博弈关系,效率低,体验差,未来的演进方向应该通过长期持续的社区服务向心灵委托转变。当然,为了改变行业的底层竞争结构,发展面向未来的品质服务能力,根本的变革应该是打破目前多家委托下的中间人关系,在政府和监管部门主导下,建立真正意义上的独家委托制度。

第七,不合理的服务收费模式。从成熟国家和地区的经验看,中介费主要是由卖方支付的,而我国大陆,除了极个别城市(例如山东菏泽,中介费由卖方出），基本都是由买方支付。甚至曾经在上海、北京等高房价城市，买方还要替卖方交纳一部分税费，这加重了买房的负担，并导致极大的负面体验。

从理论上看，中介费到底应该由谁来付、实际付了多少，最终取决于市场，而不取决于表面上的收取方式。例如，虽然中介费表面上由买方支付，但费用"隐含"在房价里，实际上这个费用多大比例由谁支付，取决于市场热度和双方的力量。例如，市场供不应求时，主动权在卖方手里，买方实际承担的费用比例高；反之，当市场下行时，力量转向买方，虽然名义上还是买方支付了费用，但是部分中介费"隐含"在房价里，卖方必然会实际承担一部分。

然而从体验和感受上看，卖方付费模式下，买方"感觉"更好（哪怕他实际承担的比例高），毕竟卖方是拿钱的一方，买方是出钱的一方，卖方付费对于双方的体验感是相对平衡的，这也是大部分成熟市场采取卖方付费的出发点。在美国，全部由卖方支付；在日本，买卖双方各付一部分，但卖方付大头；我国台湾学习日本，信义大约收取 5％的中介费，其中 4％由卖方支付、1％由买方支付；德国中介费一共 5％，买卖双方各付一半。

长期来看，为了引导行业正向发展、提升客户体验，我国大陆中介应该逐步实施卖方付费模式，至少实现买卖双方各付一半。从当下及未来的市场情况来看，卖方付费的时机也越来越成熟。一方面，房多客少是总体趋势，在绝大部分城市，房源已经不是稀缺资源，大部分房子难以顺利销售，业主有动力支付一定费用实现快速去化；另一方面，从挂牌到出售的谈判空间越来越大，买方市场条件下，最后的实际成交价相对于最早的挂牌价往往下调了 10％～15％，在这种情况下，业主对于支付一定的佣金是不抗拒的。当然，为了促进卖方付费，服务上需要做出相应的调整，例如,针对业主提出各种形式的专属服务,全渠道推广、限时收取尾款保障、专业摄影、房屋美化、每周汇报回访等都是很有效的服务策略。

未来的服务

虽然当下的中介服务仍然存在大量的问题,而且有许多问题都是短期内难以解决的,例如经纪人职业准入、开店准入、独家委托等问题涉及制度层面的变革和政府的介入,这个变革必然是长期的,也是不确定的。从经纪人或中介公司的角度看,在许多微观层面,中介服务的品质仍然有非常可以改进和优化的空间。从长期来看,中介的服务也必然会发生日益显然的良性变化(见图 4.5)。

图 4.5 未来的服务

第一,以客户为中心,提供以信任为基础的服务。长期来看,获取房源信息越来越容易,获得业主的信任才是经纪人面临的重要议题,只有信任才能够建立与业主的有效交互、有效的房源加工和合理定价。信任是基于消费者对服务可靠性和完整性的信心而建立的,服务的可靠性意味着业主对于经纪人和中介公司在一定周期内通过营销手段将房源成功销售出去的信心,服务的完整性则意味着经纪人无论在获得委托前还是在委托后,对业主的服务都是完整的、一以贯之的,比如说既在委托前有充分的市场调研等服务,也在委托后有高频有效的营销反馈和策略调整服务,这些对于业主来讲都缺一不可。在卖方市场下,交易节奏本身保障了服务的可靠性,服务的完整性对业主来讲也不是核心需求。而在买方市场下,局部库存高企,房源间竞争显著加剧,交易周期显著拉长,成交难度显著增加,经纪人服务的可靠性和完整性对于售房者体验的重要性更加凸显,谁能够提升这种体验,谁就能够建立新的核心竞争力。

第二,提供更有价值的高阶信息。随着行业真房源的普及,消费者可以通过互联网获得大量的公开信息,以往被视为竞争优势的房源信息也变得没那么重要。尤其是随着买方市场的到来,每个城市都存在大量的待售房源,房源信息的稀缺性已经大幅度降低,客户也不会为这类信息买单。而高阶信息的价值会越来越高,从业主的角度看,他们需要经纪人对已有市场信息进行深度的加工、分析和提炼,并结合动态变化的市场信息,对未来的市场走向进行客观的判断,从而为房屋定价和调价方向提供有价值的参考。从客户的角度看,他们需要经纪人在海量房源中筛选出与自己需求偏好相匹配的房源。这需要对客户的需求信息和市场的供给信息进行更加精准的分析和对比,此时经纪人是专业顾问的角色,而不再是简单的信息传递者。

第三,提供一套完整的营销方案。在过去,业主卖房找经纪人的主要需求是挂牌,因此业主找到任何一个经纪人挂牌都可以。业主相信好房源不愁卖,相信客户会源源不断地到来,通常也对自己想要出售的价格很有信心。随着卖方市场逐渐转变为买方市场,如何能够在众多竞争房源中快速成交,仅仅依靠挂牌已经远远不够了。房主希望找到有经验的经纪人,听取他们的营销计划建议,商讨有可能的营销策略,及销售过程中如何紧密配合,以不错过任何一个可能成交的机会。同样,随着可选择房源的增多,购房客户也不会被某一展示房源所引,而是希望多听听经纪人的建议,经纪人提供比较信息来帮助客户进行决策等。因此,对于业主而言,卖房已经不是一件简单的事情,这需要经纪人在事前提供可行的销售计划;为了在确定的时间节点拿到房款,经纪人需要在定价策略、渠道推广策略,以及房屋加工或美化策略上进行全面的安排。在出售过程中,业主还需要经纪人保持一定频率的高质量沟通,特别是带看前、中、后的及时反馈,并由此快速调整销售策略,不断校正销售方案,及时调整价格,从而让价格走在市场曲线之前,最终保证销售达成。

第四,提供有温度的感性服务。随着年轻人初婚年龄的普遍推迟、改善换房客户比例的增加、女性客户在购房中主导权越来越大,客户对经纪人的服务能力提出了更高的要求。客户希望经纪人首先更懂他的需求,理解一个家庭未来在居住和生活中将面临的种种挑战。这要求经纪人对工作、生活和家庭有更多的察觉和感悟,这些都是标准化的服务流程难以解决的问题,本质上属于感性服务。实践中,我们也能观察到,那些年龄稍大的女性经纪人往往容易取得更高的业绩,这是因为她们能够为女性购房客户提供更多的生活感悟。在日常作业中,她们也会重视与客户的情感联络,在节假日会送上衷心的祝福,在见面的过程中会送给客户一些家乡小礼物等。这些交流和交往,以及日常高频的沟通交流,会逐渐给客户留下很好的情感印象,并且客户会逐步与经纪人建立起宝贵的信任关系。

第五,建立情感承诺。情感承诺即消费者对价值交换伙伴产生情感依赖,并产生长期维持这种依赖的愿望。消费者的情感承诺已经被证明是积极的口碑、回购意图和客户忠诚的关键驱动因素。以往成交导向的服务往往忽略客户的真正诉求，以供给方思维匹配房源，催促成交，而缺乏换位思考，不能站在消费者角度对房源进行针对性的优势、劣势对比分析而给出购买建议。我们曾调研的多位消费者中，谈及感动体验的，均将令其感动的体验表述为："经纪人能够站在我的角度，客观地告诉我这套房子不适合我。"可见，以客户为导向、换位思考的服务大大超出了消费者的预期，传递出经纪人在道德层面上的无私利他，为客户争取最大利益而非损害客户的利益，这必然能够带来长期的信赖和成交机会。

第六，重构服务流程。在未来的服务逻辑下，在业主端，需要重视提高售房者对服务可靠性和完整性的信心；在客户端，需要基于精确诊断能力满足深层次主导信息需求，基于客户导向传递无私利他的道德标准。从新的服务逻辑出发，消费者目前的服务体验存在众多的痛点。

从业主的痛点来看：在挂牌登记环节，委托等同于登记，缺乏委托前服务，导致消费者对局部市场信息缺乏了解，对自身房源面临的竞争和市场定位不了解，从而导致不科学的定价和预期，加大出售难度；在实勘定价环节，实勘被弱化为拍照片，房况检查及加工意识缺乏或薄弱，对房源上市制定针对性的加工、营销策划案并与业主沟通的意识淡薄，无法有效整合业主预期和资源，有针对性地制定营销策略，消费者难以感知服务的可靠性；在带看环节，服务的完整性极差，阶段性推广反馈缺失，有无带看、客群特点、有无出价、原因、下一步推广策略和调整计划均无有效输出，对业主缺乏有价值的信息反馈；在调价环节，通过各种手段操纵业主降价，业主感知降价成为唯一销售策略，价格说服缺乏科学和艺术。

从客户的痛点看：需求沟通与诊断严重不足，经纪人无法有效洞察消费者的隐性需求，导致匹配房源有效性低、消费者体验差。比如，在调研中，消费者反馈"……最大的问题是不能挖掘我的需求点，有些需求我没有明确表达，比如对小区环境、同住人群等，尤其是不喜欢热闹，小区门口不要太多便利店、药店，但这些潜在的需求，经纪人不敏感，给我介绍房子时还特意将这些作为优势"。在带看环节，客户难以从经纪人那里获取有价值的决策辅助信息，经纪人发现客户的很多问题是他的知识盲区。如北京客户购买学区房时，关注点之一是小升初派位到海淀"六小强"①的比例，社区专家答复能达到 50%～60%，而客户通过大 V 付费咨询得到的信息则是不到 10%，反差很大。再比如部分经纪人表示，客户对商圈的区域发展规划、产业、交通、流通性等的了解比高级别经纪人还要专业，其对商圈的综合分析能力已经超过经纪人。在成交环节，经纪人带看后成交导向严重，不换位思考，功利心过于明显。

基于这些服务痛点和新的服务逻辑，买方市场下的服务流程需要被重构以提供全新的服务体验。

首先，在售房服务流程上，将挂牌后的市场调研服务、实勘加工服务、定价与营销策略制定服务显性化为更加重要的环节。其一，市场调研。通过充分的售前市场调研咨询服务，帮助业主快速找到自身房源的定位"我的房子好不好卖，可能卖给哪类客户，市场成交价可能是多少"，基于此帮助业主合理调整预期，以更好地抓住成交机会。其二，实勘加工。实勘环节检查房况，并导入主流客需，帮助业主理解"我的房子如何加工才能更满足主流客户的需求"，调动业主资源优化产品。其三，定价与营销策略说服。基于充分的市场调研，帮助业主制定有针对性的客群定位、定价、产品优化、渠道策略，并跟随市场反馈变化调整，整个过程中保持充分沟通。这三个关键环节的加入，实际上是以充分的售前调研咨询、售中营销策略制

① 人大附中、十一学校、一零一中学、清华附中、首师大附中、北大附中。

定和反馈来构建消费者服务的可靠性和完整性,从而建立信任。

其次,在购房服务流程上,改变过去卖方市场下建立的大量推房的漏斗成交系统,重视需求诊断,将需求沟通、居住痛点分析前置作为洞察消费者隐性需求的重要环节,并重视满足客户对房源以外多元化、深层次、辅助决策的高价信息的需求。一是需求诊断。学会倾听消费者的居住痛点和需求,洞察客户表达出来的显性需求背后的原因是什么,即找到隐性需求。二是信息搜集和对比。多做实地调查,搜集影响关键居住体验的信息,分析客户的核心需求、动机、期望的居住体验及购买力,客观对比多套房源之间的优劣势,并给出确定的购房建议。

长期客户关系

长期来看,中介服务必须从以交易为中心向以关系为中心转变,与客户建立、保留和维持长期关系是关键。过去这些年,市场红利大,成交周期短,新增客户多,经纪人之间的竞争主要体现在增量客户的获取上,很少关注客户的保留和维护,更谈不上长期关系。正如一个"客户池",经纪人每天花费大量的时间和金钱用于获得增量客户,而对于池子中的存量客户却不管不问,没有常规的连接与维护,客户从池子中流出的速度大于流入的速度,经纪人永远觉得客户不够,而且转化率越来越低。实际上,真正的问题是客户关系很弱,"客户池"的漏洞很多,流出去的速度更快。更可怕的一种情况是,经纪人花钱买回来的客户很可能正是那些曾经流出去的存量客户,在这个循环中,经纪人的获客成本也越来越高,转化率越来越低。由此可见,建立长期的、忠诚的客户基础对于经纪人来说是多么重要。

关系产生信任，信任产生效率，这应该是未来服务的最高境界。大量的研究已经表明，在与客户的互动中，信任是通过三个支柱来实现的。第一个支柱是能力，如果经纪人在与客户的联系与服务中，能够展现出专业，并达到客户的预期，那么就具备了信任的基础；第二个支柱是诚实，经纪人通常说真话、办实话，做该做的事，说到做到，那么就会建立可信的形象；第三个支柱是善意，当客户确认经纪人能够站在他的立场帮他考虑、替他说话时，就会建立善意信任。

买方市场的到来，也为长期客户关系的建立提供了条件。在卖方市场，客户"因房而来"，经纪人与客户的交互是短期、低频的，双方之间的交互主要集中在带看前后的几个小时内，是单次交互。客户甚至在找到经纪人之前已经锁定了自己看上的房子，经纪人的作用相当有限，也很难建立信任的关系。然而，在买方市场，客户"因人而来"，成交周期很长，买错的风险很大，客户需要找到一个值得依赖的经纪人，并在整个购房过程中与经纪人紧密沟通，一起制订和完成买房计划。而且在这个过程中，经纪人也需要从购房时机、家庭财富配置、区域比较、通勤规划等多种场景为客户提供专业的建议。这就为经纪人展示专业性、建立信任感提供了非常多的机会。如果在这次服务中客户是满意的，他很可能会向自己身边的亲朋推荐，经纪人因此获得更多的转介绍客户。可以看出，买方市场下，经纪人的服务不仅是能力的传递，更需要站在客户的角度思考问题，具备很强的同理心，真正关心客户的利益。这些都会让关系和信任更有可能建立起来。

此外，在买方市场，人们不会轻易相信一个经纪人，但是，一旦相信，往往就不会改变。这种信任很可能会相伴一生，带来多次交易和交叉销售的机会。这是因为建立信任的难度越大，客户的转换成本往往也会越高，他需要花费许多时间成本、心理成本和学习成本才能重新了解和相信另外一个人。因此,一旦建立信任的关系,客户轻易不会更换经纪人。

长期来看,我们相信,正是这些建立了长期关系的满意客户和忠诚客户为经纪人贡献绝大部分业绩。

那么,如何才能与客户建立和保持长期关系呢?关键是创建更多的连接与互动。信任源于关系,关系源于互动,互动源于连接。经纪人的工作天然扎根在社区,可以创造非常多的方式与社区业主建立高效的连接。例如,有的经纪人在社区义务教孩子羽毛球、排球、游泳等,与潜在客户展开长期互动。

此外,门店也可以成为邻里关系的"连接中心"。未来的门店不仅是经纪人的"工作站",也可以通过提供阅读、学习、聚会等空间加强社区居民之间的连接,同时也可以通过自动售货机、社区团购、代购代送等为社区提供更多的有价值的服务。快递、外卖等代收服务也是提升居民生活便利性的重要内容。此外,在房屋维修、室内保洁、老幼看护等诸多方面,门店和经纪人都可以成为这些服务的连接者(见图 4.6)。

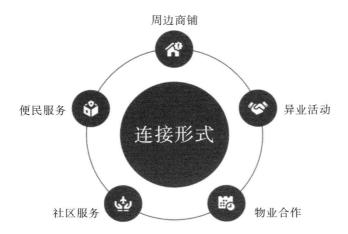

图 4.6 门店与社区的连接形式

在一些传统的节日,经纪人也可以通过举办主题活动、组建兴趣社团、参与社区公益等形式,把社区家庭连接在一起,创造更多的社区交互机会,构建更和谐的社区生态。最近几年,许多中介公司都在拓展门店的社区服务功能,为社区提供多种免费服务,如应急打印复印、应急电话、询路指引、便民饮水、邻里休息区等已经比较普遍。除此之外,还有一些社区老人在需要帮助的时候,经纪人也可以发挥积极的作用,例如教老人使用手机等公益活动都有很大的价值,特别是在新冠肺炎疫情防控期间,许多中介公司纷纷组建社区抗疫服务站,为社区居民提供生活物资、食品等代收服务。

5

管理的转变

赚钱有多容易，管理就有多混乱。
战略不是我们未来要做什么，
而是我们今天做什么，才有未来。

——彼得·德鲁克

　　"赚钱有多容易，管理就有多混乱。"这句话用来形容中介行业的管理实践是非常确切的。过去20多年的中介行业在市场红利的驱动下，以规模为导向、以市场占有率为抓手，取得了良好的成绩。究其根本，这一切不过是红利的馈赠，管理的进化十分有限。面向未来，随着新时代的到来，消费者的需求在变化，经纪人的需求也在变化，这也必然要求管理者快速进化与迭代，从过去更多地关注业务到未来更多地关注人，从过去更多着眼于短期到未来更多着眼于长期，以客户为中心，通过激发经纪人的活力与热情，创造更大的服务价值、社区价值和社会价值。

三个悖论

当谈及中介行业的管理问题时,我们立刻就能想到这个行业的天然特性,称之为三个悖论(见图5.1)。我们认为正是这三个悖论从根本上决定了中介管理的本质属性和差别。

图 5.1　三个悖论

一是规模悖论。原则上,中介行业具有显著的规模效应,更多的经纪人可以生产更多的房源,更多的房源可以吸引更多的客源,更多的客源和房源可以吸引更多的经纪人,房、客、人之间形成三边网络效应。然而基于三个显而易见的原因,规模本身又极难形成和维持。一方面,市场交易是有周期的,波峰与波谷之间的交易量"落差"又很大。一般情况下,中介公司选择在上行市场招人开店、扩大规模,而人的成长和门店的培育却需要一个较长的时间段,当人店趋于成熟,开始产生收入和利润时,市场很可能快速转向下行,经营成本大幅增加,不得不减员关店。另一方面,哪怕市场保持稳定或上行状态,当中介公司的人员规模达到一个临界点时,组织内部的博弈和冲突会急剧增加。中介行业的典型特点就是开一单、经营一家店、管几个经纪人。建立一个单店模型是很容易的,但是经营万人万店万房万客,管理难度不是成线性增加的,而是成指数增加的,内部的撕扯,或者说所谓的熵增是巨大的。最终,组织熵增会在很大程度上稀释规模效率,来自内部的瓦解性力量占据主导,规模趋于自然崩溃,被反噬。再者,人的成长需要过程,也需要大量投入,然而考虑到较低的开店成本,成熟的经纪人很容易出去开店做老板,这不但加大了中介公司的经营成本,也给自己培养了潜在的竞争对手。在这种情况下,中介公司只能通过快速的规模扩张,给经纪人提供更多的晋升通道,让公司的发展速度超过人才的成长速度,才能留住人才、保住规模。此外,我们都很清楚工业的规模化生产取决于大量资本和机器设备的投入,然而,中介服务业是典型的低资本密度、高劳动密度的行业,资本的大量进入或许可以通过快速的开店、挖人等手段短期内扩大规模,但这种竞争策略在长期内并不有效,人可以被挖来,也可以被挖走。

因此,几乎所有中介公司,尤其是直营连锁型公司,从一开始就不得不面临一个核心命题,即有效规模的形成与管理问题。

二是服务悖论。中介行业不能像其他行业一样给消费者提供明确的、标准的有形产品,只能提供难以标准化的无形服务,服务的品质主要体现在消费者与经纪人的互动过程中,而经纪人又是高度不稳定的。中介行业的低准入门槛、高流失率、短从业年限等决定了经纪人之间的服务方差很大,很难给消费者提供稳定的、一致的高品质服务。不仅如此,中介服务本身又包含着大量的感性因素和心理因素,这进一步导致消费者满意度的管理是极其困难的。消费者不满反过来导致较差的口碑、很少的重复交易与转介绍,获客难、成交难、效率低成为普遍的行业困境。这就带来中介行业的第二个管理挑战,即服务品质的管理问题。

三是费率挑战。高品质带来高费率,高费率反过来保障高品质,这是所谓的品质正循环,也是许多中介公司不断致力于提升服务品质的底层逻辑。然而,在现实的竞争生态中,没有规模就没有定价权,没有服务品质就没有高收费的基础,以低费率为主要形式的价格战往往会成为大部分中介公司的普遍选择,劣币驱逐良币成为普遍现象;同时低费率本身意味着低利润,低利润意味着大家都不愿意、也没有能力在服务品质上进行高投入。甚至在很长一段时间里,绝大部分中介公司都不能通过中介费实现盈亏平衡,而只能通过压房子、吃差价等方式才能生存下来。但是吃差价的方式既无法形成规模,也无法产生品质,那些持续吃差价的公司最终都会被淘汰。这就成为行业的最大陷阱:一个有品质正循环的行业却陷入品质负循环的泥淖而不能自拔。由此带来了中介行业的第三个管理挑战,即费率管理问题,或者说是商业模式的构建问题——到底该赚什么钱,赚谁的钱、怎么赚钱。

总体来看,三个悖论是中介行业的最大制约因素,也构成管理上的最大障碍,很少有中介公司能同时平衡好、解决好这三个问题。在一定程度上,中介公司的管理问题也可以定义为:三个悖论约束之下的最优解寻找问题。不同公司通过不同模式的探索不断寻找和优化这个问题的答案,从而形成了不同的管理模式,也从根本上决定了管理的本质和管理的价值。

七大关系

管理是通过他人把事情做好的艺术。更正式地讲,管理就是:(1)通

过计划、组织、领导、控制组织的资源；（2）整合人们的工作；（3）有效率和
效果地达成组织目标的过程。效率是达成组织目标的手段，意味着优化
资源配置；效果是组织的最终目标，意味着取得成果、达成目标。效率和
效果基本上就是：正确地做事。世界十大建筑奇迹没有一个是由个人建
造的。管理者之所以能够创造价值，是因为管理者的工作具有乘数效应，
他们的存在会使组织工作的结果远远优于单个人工作的结果。

那么，具体到中介行业或中介公司，管理者到底要管理什么呢？管理
的对象是谁？具体如图 5.2 所示。

图 5.2　七大关系

第一，客户关系。这是公司创始人和高阶管理者需要思考的第一个
问题。"现代管理学之父"德鲁克指出企业的宗旨必然存在于自身之外，
消费者是企业的基础，也是企业存续的根本所系，消费者决定了企业是什
么，企业存在的根本目的是创造消费者，并使之满意。因此，对于所有企
业家和管理者而言，本源问题就是：企业为什么而存在？企业的存在会给
客户带来哪些不同？没有这个企业，客户会有什么损失？对于中介行业

而言,2005 年之前,行业的形象很差,甚至被称为"黑中介",消费者普遍的认知就是买房卖房最好别找中介,也就是说客户不想跟中介有关系。因此那个时候只有 30% 的房屋租赁和 50% 的房屋买卖通过中介完成,也就是说大部分人的租房和买房行为是不委托中介的。大约在 2003—2005 年期间,我国大陆一批先知先觉的中介公司开始有所行动,提出不吃差价、实价报盘、签三方约,致力于推动交易透明。在此之前,大部分城市没有形成房地产市场的价格体系,卖方不知道该定什么价钱,最后实际卖了多少钱很可能也是不知道的,因为整个交易过程双方往往是不见面的,中介公司利用信息的不透明赚取差价,当时几十万元的房子,差价额甚至可以达到几万元、十几万元。在这种差价模式下,一切操作都是不透明的,这导致一个城市的价格体系根本不可能建立起来;而且由于双方不见面,交易的安全性也完全得不到保障。也正是在这个背景下,满堂红在广州、好旺角在大连、链家在北京率先发起了透明交易的变革,从而推动了中介行业第一次变革,重塑了客户关系。具体来看,透明交易在当时主要在于三件事:实价报盘让市场的价格体系透明化;签三方约、让买卖双方见面,让双方之间的信息透明化;不吃差价、只收中介费,让中介公司的收费模式透明化。从透明交易开始,中介行业也开始逐步走向规范。后来,在一批优秀公司的带动下,资金监管、门面签约(后来又到集中签约)、真房源、真房价、房屋产权信息调查以及一系列服务承诺等不断被推出。

于今回顾,我们深深地感受到:大公司之所以成为大公司、小公司之所以成为小公司,背后都是消费者选择让谁长大、让谁变小。实际上,从始至终、从国外到国内,人们之所以找中介,最核心的诉求是没有变化的,那就是安全、高效、愉悦的交易。交易透明、不吃差价、资金监管等是解决安全问题;真房源、房源内部共享和高效流转、带看信息记录和同步,以及交易流程的分工协作等是解决高效问题；有温度的感性服务、经纪人的形象、沟通、表达等提升服务互动过程中的体验，让客户感受到愉悦。然而，我们需要深刻理解到，这三者之间的权重和重要性程度是不同的。在那个信息不透明、不对称、吃差价的阶段，安全很重要；在今天这个信息更透明、房价未必持续上涨、交易更加复杂、有可能买错的新阶段，安全的重要性不是降低了，而是变得更高了。因此，我们认为安全的重要性权重是最高的。正如零售行业，无论是沃尔玛、亚马逊，还是京东、拼多多，都认为便宜、品类（选择多）、速度（配送快）是消费者的三大核心价值诉求，但是零售的发展史日益清楚地表明，便宜这个因素的重要性可能超过了60％。从消费者心理学角度进一步观察，我们就会发现，人们不会因为你便宜而降低对便宜的要求，人们不会因为你安全而降低对安全的要求，反而会把安全当作一种理所当然的"福利"。你提供了，消费者未必能够清楚地感知；你不提供，哪怕降低一点点，消费者的负面感受却特别直接而显著。因此，提供安全的交易服务仍然是未来中介公司大力改进的方向。除此之外，消费者并不会因为安全这个需求的满足，而降低对高效的需求，并期望整个过程是十分愉悦的，而不是战战兢兢的。因此，安全、高效、愉悦这三者之间必须达到一个合理的"公允价值"，即在效率和愉悦这两个要素至少达到合格水平时，把安全这个要素做到极致。

第二，公司与经纪人的关系。如何看待经纪人与中介公司之间的关系？经纪人是员工、产品、资产，还是伙伴？这或许是企业创始人与高级管理者必须回答的关键问题。

在过往的中介发展历史中，许多企业把经纪人视为物资或资料，把人降级为生产资料，会计核算时人被当作成本来处理。在这个逻辑之下，中介公司的经营方式是非常功利的——市场好的时候，把人当作生产原材料一样大举买入，使用各种方式获取其价值，大量招聘，没有什么人才标准，什么人都要，最有效的策略是通过高提成把竞争对手培养的成熟经纪人挖过来，为自己所用。这样做的结果必然是服务品质的下降，从四面八方挖来的经纪人不可能形成组织能力，一盘散沙，内部处于博弈状态，效率也很低。一旦市场转差，这些公司往往为了节省成本，不经思考地直接关店裁员，弃之不用。在这里，经纪人只是一种被索取的工具、一种低值易耗的材料，最好的使用手段自然就是短期内最大限度地获得其使用价值，一旦价值消散，便无情放弃，下一次市场转好，再换一批新人进来。相应地，在管理上，这些公司的做法也非常粗放，用适者生存、自然淘汰的方式来管理员工。

如果一家中介公司采取这种人才理念，那么在绩效上的做法通常是高提成、低底薪。这种模式下，经纪人的主要收入来自成交之后的高额提成。如果经纪人连续三个月没有成交，在收入与生活上不免面临沉重压力，这一压力有可能迫使经纪人铤而走险，采用各种方式，甚至欺骗客户的方式获得成交。为了追求高额提成收入，经纪人同伴之间不免钩心斗角，将客户视为自己的"私有财产"，保密防谍，严守信息。在这样的情况下，要谈团队合作实在是异想天开，企业上下很难有向心力。

第二种常见的认知是把经纪人当作产品，人被工具化。在这种人才观下，虽然经纪人在薪酬待遇上有所改善，但是在管理上强调对流程化、标准化的追求以及分工的细化，使得经纪人成为服务流水线上的一部分，既无法让消费者得到完整的服务体验，也让经纪人无法体会工作的意义。同时，企业文化通常会过度强调集体利益，个人服从集体，小集体服从大集体，经纪人对公司的管理和规章制度必须强制性服从，有冲突时先服从再去做、边做边理解。尤其是随着技术的进步，这些企业管理经纪人的手段日益升级，分工更加细致，管理更加数字化，所谓的算法控制或数字控制成为管理员工的新手段。这些技术进一步加强了对人的控制，人成为算法的一部分，人被数字化、工具化。

一种类似的理念是把经纪人当作资产，作为生息资产，经纪人可以带来现金流。持有这种观念的企业，例如美国一家房地产经纪公司Compass，它的发展策略就是并购优秀的经纪人，做豪宅，有了优秀经纪人，就有交易和佣金收入，收入扩张带来估值提升，然后进一步融资并购。这种理念也有明显的问题，是一种"物化思维"或"工具思维"。对应于这种认知，企业的选择往往不是培养人才，而是以最快速度、最大规模"获取"人才，好一点的方式是并购，更恶劣的方式是直接挖人，挖走成交能力强的老人。

第三种认知是把人视为伙伴，视人为人，人不是产品，也不是资产，人就是人。持有这种观点的企业认为人才居于第一位，只有好的人才，才可能有服务的品质；有好的品质，才可能产生长期的绩效。换言之，人才、品质、利润是经营的正循环，只有让消费者享受有品质的服务，消费者才愿意给经纪人提供更多的机会，具有更高的付费意愿，经纪人也就能得到更多的就业保障与就业发展，而企业也可以获得合理的利润，实现可持续增长。因此，在这个逻辑下，优质的服务对应于优质的人才，企业为经纪人提供更好的安全保障以及完整的教育培训体系，提高经纪人的竞争力，就是提升公司的竞争力，从而才能获得相应的利润。

信义是秉持这种理念的典型代表。信义认为经纪人是伙伴，不是资产，更不是生产资料。在人才方面，信义坚持培养新人，用没有行业经验的人，从一张白纸开始培养。在信义看来，伙伴的核心含义是对人负责，人对企业有义务，企业对人有责任。坚持"有多少人、开多少店"的发展理念,使公司的规模发展速度取决于人才的成长速度,实现平衡增长。在人才教育理念上,信义坚持"道"大于"术"。这不是说销售技巧不重要,而是说顺序更重要,先要有好的价值观标准和基本的道德操守,才有策略、方法与技巧。基于这种人才认知,信义在绩效上避免以高额提成作为"诱饵",调低个人提成,并增加团队提成,提高个人底薪,采取高底薪、低提成模式。高底薪的背后体现着对人才的尊重,而不是把经纪人视为赚钱工具,不是找来一批人作为"摇钱树",若摇不出钱,再找一批人。信义想的是如何百年树人,思考如何让优秀的人才不断精进和成长,成就一生的事业。团队提成的设计方案则是让经纪人愿意彼此协助,那么同事之间便不再是敌人,而是真正的自己人,客户也会跟着受益,得到更有品质的服务。

第三,公司与门店的关系。中介公司或中介品牌与门店大致有三种关系:一是直营连锁。门店属于公司,门店的租金、水电费等经营成本由公司承担。一般情况下,我国大陆直营中介门店的成本大概占到收入的10%~15%。二是加盟连锁。门店属于加盟店店东,店东自己开店做老板,同时加盟一个特许品牌,支付一定比例的品牌使用费,成为旗下的加盟店。这是美国中介的主流模式。三是合伙制。这种模式下,中介公司可以与店长联营出资开店,各占一定比例的股份,并按照股份比例分享门店利润。简单对比,直营模式最重,中介公司几乎承担全部经营风险,但是可以较好地管理人才品质和服务品质;加盟模式最轻,对门店和经纪人的赋能和管理十分有限,放眼全球,只有美国和澳大利亚这样的行业基础设施非常完善的市场,加盟才能大行其道,且能基本保证服务的品质;合伙制处于中间状态,门店赢利时,大家可以一起分润,一旦出现亏损,作为个体的店长往往不愿意或者没有能力分担亏损,"有福同享,不难不当",因此,现实运营中,这种模式必然会产生各种问题。此外,在管理中,合伙店的店长往往自视为老板,与总部管理很难协同,有效的管理政策也很难落地。

第四,经纪人与经纪人的关系。经纪人之间难免有竞争,但是中介行业的本质是合作共赢。从交易网络的属性看,卖房子的业主需要一个更大的客户网络以提升流通效率,买房子的客户也希望看到全市场所有的在售房源信息以提升搜索和匹配效率。然而,这一切都需要经纪人之间紧密合作才有可能实现;同时,只有合作才能提升交易效率,也才能提升经纪人的作业效率。尽管如此,在实际的作业过程中,由于我国大陆中介缺少美国那样的房源联卖机制,经纪人之间的竞争十分激烈,甚至没有底线,导致跨品牌、跨公司之间的合作网络难以形成。但是许多优秀的直营连锁公司,却可以在组织内部建立房源和客源合作共享机制,从而提升合作效率。事实上,也只有那些建立了内部合作机制的公司才能在竞争中建立核心优势。在一定程度上,正是合作的能力决定了一个公司能否长大,变成大公司、好公司。

第五,公司与公司的关系。同业之间的关系通常是竞争关系,而中介公司之间的竞争更加激烈。一条大街全是中介,一定程度上说明了中介竞争的残酷性,也说明了这种竞争主要体现低维度层面,良性竞争的结果一定是门店数量的减少,而不是门店数量的无限制增加。总体上,基于争夺规模的竞争往往是以打倒对手为目标,你死我活,这是典型的零和游戏。如果一家企业立足长期能力的建设,把资源投到更底层的基础设施和服务能力上,那么这种竞争不仅可以实现自我升级与迭代,还可以引领行业变革,改变行业的整体素质与口碑,从而一起把行业蛋糕做大。因此,如何看待竞争、如何竞争,不仅是中介公司的竞争策略,也是一个战略问题。

第六,公司与平台的关系。中介行业有两类平台:第一类是信息平台,帮助经纪人推广房源,获取客户线索。这类平台通过流量或端口变现，商业模式更轻，利润率更高。例如我国大陆中介每年在各类信息平台上投入的营销费用超过 100 亿元人民币，大概相当于二手房交易佣金总收入的 10％，这是一笔巨大的投入。而且信息平台具有天然的垄断性，一个线下高度分散、线上高度集中的行业，流量的垄断优势是自然而然的，并最终导致流量成本的不断上升和获客效率的不断下降。第二类是交易平台。这类平台的管控能力更强，对产业链的介入程度也更深，不仅可以为经纪人提升流量，也为门店的经营和管理提供系统工具支持，甚至会统一系统、统一规则、统一管理。在这类平台之下，中介公司作为一个品牌与平台的关系是更复杂的，在合作中竞争、在竞争中合作，双方之间的博弈与冲突也更加显著。因此，作为一家中介公司，始终面临的问题就是：要不要自己做线上，建立自身的流量能力，避免对信息平台的过度依赖？要不要加入交易平台？或者加入交易平台之后，如何保持自身的经营独立性？

第七，公司与社区、社会的关系。传统的观点认为商业组织的社会责任就是创造利润，一个公司只有把精力放在利润最大化上，才能提高产品和服务质量，如果精力分散就得不到好的效果。这样才能使股东获益，创造工作机会，促进经济增长，这才是公司存在的社会理由。然而，随着管理学和管理实践的发展，越来越多的企业开始认同以下观点：企业应该像关注利润一样关注社会价值，利润不是企业决策的理由、原因或解释，而是对决策有效性的检验。因此，企业的存在不能由利润来解释，利润是一种结果，是创造社会价值之后的一个自然结果，利润最大化是一个误区。德鲁克更是明确地指出，企业是功能社会的器官，管理者把社会需求转变为商机，满足新需求、新产品、新服务，并促进经济增长和社会发展。具体到中介行业，更是如此。中介天然扎根于社区，正是与社区和社会的互动和广泛连接才创造了中介存在的价值，因此，可以确定地说，中介的价值源于社区、源于社会。一旦中介公司希望将利润最大化，想赚最多的钱，必然会追逐短视近利。先服务社会大众，再帮助经纪人成长，最后才是企业的利润，这个顺序定义了公司的底层发展理念。

科学管理

现在我们可以大致总结，中介行业的管理就是以七大关系为管理对象，突破三个悖论的约束，通过科学管理，达到有竞争力的规模和一致的服务品质，并以此为基础，实现稳定的费率，建立消费者满意和商业模式的正循环，不断创造更大的社会价值。按照这个定义，我们认为中介管理的关键是如何看待七大关系，哪个关系最重要，管理的着力点和顺序是什么。回首过去 20 多年的中介发展史，可以发现，大部分中介公司都在规模上发力，对规模和业务的重视远远大于对人的重视，对结果的重视远远大于对客户的重视，企业与企业之间是你死我活的竞争关系。在这个过程中，管理上最大的进步就是以科学方法形成有竞争力的规模，即规模导向下的科学管理问题。

理论上，所谓科学管理就是以科学的方法取代经验主义，管理者通过选拔和培训员工、制定合理的奖惩制度，以科学方法为杠杆，提升组织的能力而不只是单个人的工作效率，最终通过管理人员和员工的紧密合作，提高工作效率和工作质量，从而实现企业和员工收入的共同增长。然而，我国中介企业与大多数企业一样，早期创业的时候，大多数是"赤脚上阵"，并没有穿上"现代管理的鞋子"。中介企业起点更低，只有 20 年左右的发展时间,虽然在管理上取得了一些进步,但距离现代管理还有很大的差距。

1998 年之后,随着一大批本土中介品牌的成立,中介管理开始起步,但处于启蒙阶段,许多创业者开始探索中介管理的方法。这个过程中,以香港中原为代表的管理模式对我国内地中介产生了巨大的影响。于今回顾,1998—2008 年我国内地中介行业管理处于经验管理阶段,以学习香港中原为主,尚未形成真正科学的方法和体系,也没有形成组织能力。此期间的中介管理相对简单,以业绩目标为导向,经纪人招聘缺乏标准,培训较少,英雄不问出处,强调自由生长,大浪淘沙、适者生存,不重视内部的合作;业绩策略上强调灵活,以公盘私客为主,采取内部有限度的房源共享,客户以经纪人私有为主;门店管理上实施一店多组制,既强调内部竞争,也强调外部竞争,内部的竞争大于合作;过程管理上主要强调量化管理,以新增房源量、新增客源量和带看量作为主要的考核指标,过程考核以罚款、体罚和停休为主,管理上简单粗暴;管理者自身也缺少培训,基本的管理理念尚未建立起来,对于一些关键的问题也没有形成明确的管理共识。例如,在如何看待客户关系问题上,只有信义等少数企业崇尚服务导向,绝大部分中介普遍以业绩为导向,没有客户思维,更没有明确的客户服务标准,更谈不上服务承诺。在处理企业与员工关系问题上,早期创业的民营企业基本上都会选择集体利益至上的原则,不太重视经纪人权益,金钱几乎是唯一的激励方式。

2009 年开始,中介行业的管理实践开始出现快速的进步。一方面,经过前期的野蛮生长,有些公司已经从小公司成长为人员规模达到数千人的中大型公司,随着公司组织规模的扩大、业务体量的提升,以及社会影响力的提升,企业逐步开始对管理规范有了较强的需求。另一方面,一些优秀的企业开始向国内外优秀同业或跨行业优秀企业学习,信义、三井等优秀企业的做法开始被引入中国大陆,大连好旺角和北京链家通过引入 IBM 做咨询,全面提升战略管理和业务管理能力,并引入市场占有率管理体系,在房源、客源、带看以及成交管理上逐步形成了科学的方法。总体上看,2009—2015 年这个阶段可以称为科学管理的形成与发展阶段,在诸多方面取得了明显的进步。

第一,销售管理科学化。行业发展初期,每个经纪人都有自己的一套做法,有经验的老经纪人通过口口相传的方式来指导新经纪人作业。公司整体上并没有形成统一的作业标准。这就是所谓的"跟着老虎学虎拳,跟着猴子学猴拳,师傅领进门,悟性靠个人"了。这不仅无法给客户提供稳定、一致性的服务,也无法形成真正的组织能力,规模化复制的难度很大。为了解决这个问题,一些优秀的公司率先开启业务流程的科学分解和标准化改造,对每一个业务流程定义出清晰的边界和操作标准。例如,客户需求了解这个环节,提炼出客户需求八必问的方法,这个方法对应的工具就是客户需求了解统计表,对应到作业系统中就是客户需求录入表,培训中就要对这个环节进行讲解并明确标准的策略是什么、工具如何使用、系统如何应用。经过演练、通关和考试,经纪人在这个业务环节就能够形成较为一致的服务标准;在此基础上,通过最佳实践的分享,不断更新标准,不断改进。

更为重要的是,销售管理开始从传统的量化管理过渡到转化率的管理。过去的销售管理基本上围绕着简单的量化目标和业绩目标达成度来进行管理,过程量考核主要是房源量、客源量、人员数量变化等,业绩目标的管理也是通过这些指标量的追踪和评估来实现。相比之下,科学的销售管理不仅要管理量化指标,还要管理每一个业务环节的转化率。管理者既要管理业务增量,还要管理业务的转化率,转化率的提高也更能够体现出一家公司的管理水平。例如,聚焦房源转化率的管理,这里既要管理聚焦房源在销售过程中被带看了多少次,还要管理带看形成成交的转化率,而转化率的高低又对前期的选房、加工、销售讲解、经纪人之间的合作等一系列工作提供了新的改进要求。经过不断积累,管理的细节颗粒度就会不断精细化,日拱一卒,功不唐捐,一点一滴的改进经过长时期的积累必然会带来显著的效率提升,从量变产生质变。

第二,目标管理科学化,形成以市场占有率管理为中心的科学体系。过去大部分公司的目标管理主要是以业绩为中心,由于房地产交易存在着周期性和地域性,业绩的高低并不能真实反映一位管理者的绩效水平。好的目标不仅可以进行内部横向的比较,还可以进行外部竞争的对比分析。于是,大连好旺角最早引入市场占有率管理体系,用市场占有率目标取代业绩目标作为公司最重要的管理抓手。围绕市场占有率的关键决定因素,将大目标分解成小目标,然后再对每一个小目标进行管理改进,最终不断提升市场占有率。这套方法被称之为"奇妙等式拆解法"。

第三,品质管理科学化。想成为一家优秀的公司,不仅要管理好业务,更要管理好品质,包括品牌的管理、服务品质的管理。围绕这些内容,有很多工作需要建立规范和标准,并按照科学管理的精神进行有效的管理。其中最重要的几项工作有:公司的 VI(视觉形象)宣传等标准;公司的价值主张,例如服务承诺、服务特色等;公司的人员标准,例如素质标准、专业和能力标准、信用标准等;门店的标准,例如门店的风格、门店的功能、门店的卫生标准等;员工的服务标准,例如着装标准、服务用语、行为规范、宣传展示标准、业务操作标准、投诉解决办法等;内部合作和争议的解决标准等。

总体上看,科学管理阶段的主要工作是围绕业务系统的打磨而展开,在人才系统和组织能力的建设方面还不够深入,忽视了对"人"的关注,而专注于业务、流程、资本、技术和工具等物质层面的发展。这也是这个阶段的主要问题。2015 年之后,随着互联网的快速发展,中介行业的科学管理也进入线上化、数据化运营阶段,但是总的方向和基调仍然只是前期科学管理的延伸和细化,只不过是通过更加精准的数据和算法对业务管理漏斗进行更加精益的管理。这些做法虽然会提升单个环节的转化率,但对于整体的经纪人效率并没有明显的改变,从商机到成交的转化率仅 1% 左右。哪怕是在北京这样的成熟市场,月均成交单量在过去十几年也只有 0.3 单左右,一直没有提升。

规模领先者

大有大的好处,中介行业有一句老话,叫作"越大越美丽"。从全球范围来看,中介行业存在非常显著的品牌集中化趋势。在美国,21 世纪、KW、RE/MAX 等几大特许加盟品牌占据了 60% 以上的市场份额,每个品牌旗下都有超过 10 万名经纪人。在我国香港,中原和美联等少数几家企业的市场占有率超过 60%;在我国台湾,中介行业门店总规模 6 000 家左右,其中八大品牌中介门店数超过 4 000 家,市场占有率达到 70%,其中前四家头部中介品牌的市场占有率超过 50%。

中介行业之所以出现这种品牌集中,原因也是非常清楚的。无论是买方还是卖方,他们找中介是为了安全而快速地完成交易,而交易的基础一定是丰富的房源和大量的客源。对于买家来说,一定会找房源最多的中介；对于卖家来说，一定更愿意把房源委托给潜在客户量最多的中介。房源越多、客户越多，客户越多、房源越多，从而形成良性循环。更重要的是，大品牌意味着旗下的经纪人更多，同一品牌下的经纪人更容易产生信任与合作，房源和客源的流通效率更高。因此，品牌越大，交易效率越高。而且大品牌更能给客户提供客户保障，经纪人个体无法为大额交易的潜在风险承担损失，大品牌可以通过资金监管、产权核验等手段控制风险，甚至可以为潜在的交易过失而直接赔付，这给客户提供了安全感。在交易环境越来越复杂的情况下，安全与效率越来越成为中介品牌的两大命脉。

那么，如何通过规模扩张变成一个强势的大品牌呢？换言之，如何才能突破规模悖论呢？这取决于规模扩张的时机、方式和机制。在一定程度上，规模形成方式决定了一家公司是否可以长大、是否可以长期保持有竞争力的规模。

第一，时机是第一因。综合对比台湾信义、香港中原、北京链家等大型中介组织的发展历史，我们可以发现，时机是大中介崛起的基本条件，甚至是第一因。这里的时机通常包括几个条件：

一是流通率的上升和二手房交易量的上涨。以北京链家为例，这家公司成立于 2001 年，真正的大发展始于 2004 年，从当时几十家门店到 2006 年底达到 350 家门店，三年实现 10 倍增长，奠定了链家在北京的基础规模。此后三年，又经历了连续的扩张，2009 年门店规模超过 500 家。回顾这个过程，我们就会发现，此期间的北京二手房市场从起步期只有 2 万套的交易量，到 2004 年突破 5 万套，2007 年接近 10 万套，并在 2009 年达到 25 万套的历史最高值（见图 5.3），交易结构上也从早期的公房为主变成商品房为主。可以说，市场条件的转变为公司发展提供了最重要基础。链家从以租赁业务为主转型买卖业务时，北京交易量经历了 5 年

的连续上行期,交易量上涨超过 3 倍,此后的北京市场再也没有超过三年
的上行期,变成了三年一个大周期——一年涨、一年跌、一年平,跌宕起
伏。事后来看,如果中介公司不能在 2007 年之前的这个五年上行期建立
基础规模,后来就再也没有机会在北京成为大中介。今天留在市面上的
几大中介没有一个是在 2007 年之后成立的。

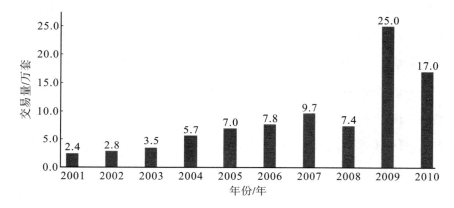

图 5.3　2001—2010 年北京二手房交易量

数据来源:空白研究院。

　　二是中介成交占比的上升。早期的中介公司在消费者心中的印象比
较负面,尽量不找中介是大家的普遍选择。2003 年左右,北京二手房交
易中委托中介成交的比例只有 50%;此后随着中介行业的不断规范,这
个比例不断上升,超过 70%。一方面是交易量自身的上涨,另一方面是
中介委托占比的上升,这两个因素叠加在一起,为当时的链家、我爱我家
等提供了难得的发展时间窗口。

　　三是消费者对安全诉求的强烈觉醒。早期的中介公司以吃差价作为
主要的商业模式,交易不透明、不规范,暗箱操作导致一系列的安全隐患,
消费者不胜其烦。正是在这个条件下,链家等头部中介公司率先推出"实

价报盘、签三方约、不吃差价"等服务标准，推动交易透明化，并在北京最早推出资金监管等措施，从诸多方面保障交易安全。正是这些变革措施让头部公司成为消费者的最优选择。今天回头来看，那些后来成为大中介的公司通常不是成立最早的第一批中介公司。在我国香港中原之前，香港中介已经存在了很长时间；在我国台湾信义之前，台湾中介也已经在混乱的状态停留了很久；在日本三井之前，日本中介也普遍存在着"黑中介"的口碑。但是正是这些后来成立的第二批创业公司，决定不吃差价，决定不做黑中介，通过服务变革，重新定义了中介，引领了变革，也让它们成为后来的赢家。黑暗无法驱逐黑暗，唯有光可以。

第二是规模的形成方式。在获得市场交易量、扩大规模的策略选择上，有几种不同的方式：

一是聚焦还是分散。对于提高交易量的方式，一种方法是"摊大饼"式的发展，哪里有交易，就去哪里开店；另一种方法是聚焦一部分市场区域或板块，在这些细分市场里，占据最大的市场份额。40%的市场份额等于60%的目标市场里取得70%的市场占有率，而不是在全部市场平均取得40%的市场占有率。显然聚焦的策略更有效，它的本质是把市场先划小，再做大。相应地，在运营策略上，通常会实行分区裂变的方式，不断地分区，把大区分成小区，在每一个小区域里取得最高份额。北京链家在2005年第一次分区，从原有4个区扩展为11个区，2006年底已经扩展到30个区，并在其中70%的区域里达到市场占有率第一。

二是培养子弟兵还是抢人。要想取得规模，就需要大量的人才，而人才要么来源于自己的培养，要么来自挖角。大公司之所以长大，根本原因是拥有自成一体的人才策略，用自己的子弟兵打仗。例如，分区裂变机制需要一批文化价值观极其一致的优秀区经理和店长，因为每一次分区实际上是减少他们的既得地盘和利益，只有自己大量培养子弟兵，才可能拥有大量的人才，才能保证公司扩张时大家暂时放下短期利益，一起把事业做大。台湾信义和北京链家的实践证明了这个策略的正确性，它们都坚持不招同业，不招有经验的人，自己培养子弟兵。这种做法当时虽然慢，也正是这批最早的子弟兵后来成为店长、区域经理，人才红利的厚度为规模化扩张提供了基础。反观那些通过挖人或者采取合伙制等方式实现规模扩张的企业，要么停留在某个规模临界点无法突破，要么经过暂时的快速扩张之后无法持续而自动溃败。

可见，规模形成的有效方式主要取决于两点：一方面是在有限的交易量中获得更多的份额，另一方面是通过自己的子弟兵才能打胜仗。这就是当时规模化的底层逻辑。北京链家、大连好旺角、杭州我爱我家，包括后来的一批新秀，如重庆到家了、常州常居地产等都是在这个逻辑下通过规模化扩张，实现了快速增长。

第三，以市场占有率管理作为规模扩张的核心抓手。当市场产生巨大的交易红利，存在规模扩张的时间窗口时，那些以业绩或利润作为管理目标的公司往往会错失时机，相反那些以市场占有率作为管理目标的公司往往更容易成功。从公司增长的角度看，市场占有率考核有几个突出的优势：一是相对公平。业绩和利润好坏可能取决于城市特征、市场周期等，它的影响因素非常多，很难评估和拆分。但是市场占有率只与竞争有关：市场好时，管理能力强的团队会取得更快的增长，市场占有率上升；市场不好时，哪怕业绩下滑，市场占有率却有可能上升。因此，市场占有率考验的是内部的管理能力，与外部因素影响不大，它更容易牵引团队归因于内，不断提升自身的管理能力以取得更大的竞争优势。此外，作为一个考核指标，它也更容易被各方接受。二是让竞争更透明、更可量化、更可改进。在以市场占有率管理作为目标的情况下,公司可以清楚地动态追踪竞争对手的市场占有情况变化,也可以对照公司内部哪些区域强、哪些区域弱,从而制定不同的竞争策略,通过店面或人员覆盖率来压制竞争对手。公司在每个细分市场的地位也可以进行量化追踪,既可以动态了解公司的相对优势,也可以据此合理布局、调兵遣将,从而让公司的拓展方向和资源投放更加精准有效。三是可以层层分解,管理指标将会不断细化,运营管理的效率会有所提升。例如为了提升市场占有率,管理方面可以进行很多拆解,包括地域(商圈、盘、楼、单元)、组织(大区、商圈、组、人)、业务角色(录入、维护、钥匙、速销等),在这三个维度上都可以设计指标、目标和考核标准,并与绩效奖金关联,从而推进运营管理的精细化。以此为基础,就会形成一系列的管理手段,例如报盘率管理、房源述职、聚焦管理、带看管理、合作管理、复盘管理、重点盘管理、销售会议管理等。

尽管如此,我们认为时间窗口是最重要的因素,错过了时机,也就错过了规模的最佳时机。只有在特定的时间窗口里,形成有效的基础规模,才能产生网络效应,形成真正的竞争优势。

过剩的产能

中介行业发展 20 多年,有的公司通过市场占有率管理获得了一定的竞争优势,取得了良好的竞争结果;也有一些公司虽然没有形成科学的市场占有率管理能力,却依然通过人员和门店的持续扩张来争夺市场量。特别是为了应对竞争,大部分公司不得不被动投放更多产能以维持既有的竞争优势。如果从一个公司的微观角度看,这种做法或许无可厚非;当全行业中介公司都采取这样的规模竞争策略时,必然会导致全行业的产能过剩和生态恶化。当过多的经纪人追逐有限的交易量,每个人的平均成交单量都会下降,这必然会导致以成交为目标的竞争更加激烈。为了成交,费率也就成为短期最有效、长期最有害的竞争手段,二手房折佣和新房返费成为常态。费率竞争的最终恶果是低收入和低利润,低收入导致经纪人的高流失。在经纪人年度流失率超过100%的大环境下,中介公司缺少意愿和能力为人才的"招育用留"进行高投入,于是"抢人"就会成为最为理性的短期选择;为了抢人且避免自己的人被抢,高提成自然而然地成为抢人手段,也成为留人工具。这就是行业产能过剩的负循环,也是当前中介行业最大的挑战。大量的门店和经纪人产能被投放到市场,行业产能增长速度可能会远远快于交易量上涨速度,人效整体下降。伴随着门店规模的扩张,店面租金上涨会超出正常水平,中介门店的每平方米租金往往超过其他行业。一个社区的商铺被过多的门店环绕,在许多社区,甚至超过50%的商铺都是中介门店,这些都是行业过度竞争的表现。

2022年全国二手房交易量约650万套,通过中介成交约500多万套;全国新房成交量约1 200万套,通过中介渠道成交约300万套,全国二手房经纪人以及在写字楼里办公的各种新房经纪人加在一起超过200万人,这样计算下来,年度人均成交单量大约只有4单。在大部分城市,4单的人效对应的经纪人收入相当于社会平均工资的60%左右。这就是当下的行业生态,我们共同的"栖息地"日益变成"盐碱地",任何一个人都不可能在别人不变坏的情况下让自己变得更好。即使在最好最大的北京市场,头部中介公司的经纪人年度平均交易单量也只有5单,一旦遭遇市场调控和交易量下滑,人效就会降低到3~4单,平均四个月才有一单交易,开单之难,可以想象。

当然,产能过剩的原因是多方面的,既有公司竞争的原因,也有行业监管的原因。例如开店限制方面的监管是缺失的。从成熟市场的实践来看,针对开店的限制一般包括几种形式:一是营业保证金,在日本和我国台湾地区非常普遍。以我国台湾为例,新开门店需要缴纳 25 万元新台币保证金,每多一家多交 10 万元新台币,最高 500 万元新台币,保证金纳入统一的监管账户;如果因为消费者投诉等导致保证金被用完,需要补缴。二是开店资格限制。例如在日本,新开门店必须配备一名法律书士,若经纪人数量超过一定规模,需要配备多名法律书士。这个专业角色主要负责合同制定、审议与签约,更像是一名律师。在日本的职业资格考试中,法律书士的通过率并不高,这间接限制了开店的扩张速度;即使大公司有钱,也不可能随便多开门店。如果没有任何的限制,人人都可以低成本开店,那些具备一定专业能力和从业经验的老经纪人很可能会自立门户,自己做老板。如果经纪人都可以随时做老板,那么原来的老板就没有动力培养人,挖人、抢人才是最优策略。在这种情况下,很少有公司愿意为经纪人支付固定薪酬,高提成就会成为一种普遍的竞争手段。因此我们会看到,从 2014 年开始,整个中国的中介行业开始全面转向低底薪/无底薪、高提成模式,特别是在过去几年加盟化浪潮驱动下,全行业的平均提成率已经达到非理性水平,提成变成一种竞争手段。

高提成的危害

简单来看,中介行业的提成结构主要分为两类:一是高提成模式,以美国、加拿大、澳大利亚等国家为代表,例如美国的平均提成大约在70％左右,RE/MAX为了吸引优秀的经纪人加盟,提成可以超过90％;二是低提成模式,这是日本和我国台湾地区的直营中介公司普遍采取的模式。日本三井为了避免经纪人的成交导向,2010年前后全面取消了提成,完全变成了底薪模式;信义的提成也只有12％。2014年之前的我国大陆中介,普遍也是相对比较低的提成,新人起提点通常不到10％,行业平均的总提成也只有20％～30％。

一般而言,直营中介公司更倾向于选择低提成模式,加盟品牌或加盟店店东更倾向于选择高提成模式。从提成的决定方式上,有的公司采取通提的方法,有的公司则根据业绩的不同区间采取分档计提的方式;也有的公司使用更复杂的模式,例如链家的做法是积分决定级别,级别决定提成,而积分又具有复杂的形成与动态调节机制,通过调节积分,影响经纪人的升降速度,从而调节提成率和公司利润率。不仅如此,链家还会实施强制分边机制,虽然表面上看这是一种合作分工机制,但在本质上也是一种影响业绩拆分和提成高低的关键机制。相反,台湾信义虽然也有职级的升降,但是职级只影响底薪,不影响提成,提成就是统一的12％。在提成之外,信义又通过利润分享与留任资金等机制激励和留存经纪人。当然,还有非常多的提成方式。例如美国的许多加盟品牌为了吸引网红经纪人,可以给他们90％甚至100％的提成,一旦网红入驻,年轻的经纪人便会蜂拥而至,这些新人则只能拿很低的提成。在这种情况下,提成变成了一种人才策略。最为典型的是美国最大的加盟品牌KW。为了发展和壮大经纪人队伍,KW设置了七级计提方案,显得十分复杂。由此可见,大家在提成的设计上可谓是"用脑过度",花样层出。

然而,有意思的是,无论提成结构多么复杂和多变,中介行业或许存在成千上万种提成方式,然而真正赚钱的公司却都一样,遵循着同样的财务逻辑和成本结构。例如,直营公司里最赚钱的公司就是三井、信义,以及几家典型的直营中介公司,它们的成本结构都很相似,甚至出奇地一致。例如经纪人的总成本,无论是低底薪、高提成,还是高底薪、低提成,把经纪人的底薪和提成加总在一起的总成本,这几家公司都只有40％～45％,几乎没有明显差异。可见,在成熟的市场和稳定的竞争环境下,经纪人在产业价值链上所能拿走的实际比例应该占到40％左右。再例如,从加盟品牌对比来看,全世界利润率最高的加盟品牌是美国的21世纪,它的核心战略是把跨行业的创业者吸引到中介行业做老板,把小白变成职业化店东,教会这些店东怎么做老板,怎么招聘,怎么做委托。因此对比全球那么多加盟品牌,21世纪或许是唯一形成一整套完整方法论体系的品牌,它的价值就是方法论的形成、沉淀与输出。所以21世纪这个品牌有明确的价值,也可以收取更高的加盟费,而且它旗下的店东一旦掌握经纪人招聘和保留的方法,也就不用通过高提成挖人而让自己不赚钱。因此,21世纪作为一个特许品牌,它提供了价值,也必然会享受较高的利润。相比之下,美国最大的经纪人平台KW能够为经纪人和店东提供的增量价值有限,它的创新主要体现在提成和分佣结构上,因此它的利润率并不高。另外一个美国加盟品牌RE／MAX,它给经纪人的平均提成超过90％,所以它的加盟业务的利润率很低,赚钱主要依赖于金融和搬家等衍生服务。

因此,可以非常确定地说,这个世界上没有靠提成创新而赢到最后的公司,无论是直营或加盟,均是如此!直营中介的存在是因为它为消费者和经纪人创造了价值,加盟品牌的存在是因为它为店东创造了价值,离开价值创造谈提成和分配是没有意义的。

进一步来看,抛开提成结构上的表面差异,提成的背后还有更深层次的底层逻辑吗?在我们看来,提成的背后有四个基本逻辑。

首先,提成的前提假设是谁承担展业成本和经营风险。美国的高提成背后是经纪人承担了大部分的展业成本和经营相关的潜在风险。不仅如此,经纪人还需要自己报税、买保险,一旦因为自己的作业瑕疵而让消费者面临风险需要承担赔付责任的时候,可以由保险公司理赔。仅仅从展业成本这一项来看,经纪人需要承担线上流量和线下社区推广的营销成本,还需要支付一笔加盟品牌使用费,同时承担线下带看所产生的交通费等成本,扣除这些成本及其他保险费用、协会的会员费用之后,经纪人的税前收入只有总佣金的40%左右,换言之,平均70%的提成率,经纪人最终分到的真实比例只有40%。这个比例与信义、三井等直营中介公司经纪人的比例没有区别。

反观我国大陆中介的情况,大部分展业成本由经纪公司或者店东承担,消费者赔付责任也由公司承担,在这种情况下,行业却走向了高提成,这不得不说是一种悖论。很多公司或门店为了抢人,经纪人的提成率已经达到50%,甚至超过了70%,在这种情况下,二手房业务不太可能产生利润;公司没利润,就没有能力为经纪人提供更好的培训与成长环境,更不能建立一个有效的中后台为经纪人赋能。因此,经纪人的离心力也更强。为了让经纪人留下,不得不给出更高的提成,于是每一波行业开店潮都会伴随着一波抢人潮,抢人的主要手段就是提成,提成率不可避免地日益走高。更大的问题在于提成的上升成为一种现象,一种刚性的选择,上去容易下来难,这就是提成的"棘轮效应"。

其次,提成的背后是管理。从管理的角度看,什么情况下才会出现高提成?大致是两种相反的情况:一种情况是经纪人已经高度成熟,可以实现自我管理,既然经纪人不需要公司的管理,公司就可以给他高提成;另一种情况是经纪人虽然不成熟,但是公司也没有相应的管理手段,没有系统,没有工具,没有强大的文化和组织能力,索性置之不理,直接给经纪人高提成,只要有成交,公司多少都能分点。显然这又是一种负循环——因为没有管理能力,所以高提成;因为高提成,所以更加管不了。在无底薪、高提成的情况下,经纪人不认为自己是公司的员工,哪怕有正确的管理措施,向下贯彻执行落地的时候也一定会大打折扣。因此,在某种程度上,高提成意味着管理无效。这背后的最大问题就在于经纪人不成熟、经纪人职业化刚刚起步之时,大陆中介就全面走向了高提成,在经纪人最需要管理的时候,管理的价值却严重缺位。

再者,高提成的前提条件是行业基础设施的完备和合作机制的形成。中介行业的天然属性是合作,房源方与客源方相互依赖,彼此共生。如果行业可以建立完善的合作基础设施,那么经纪人的作业难度就会大幅度降低。例如美国的MLS,经纪人可以在平台上共享房源,只要有人找到买家,并完成交易,卖方经纪人就可以拿到全部佣金,并把其中的一半分给买方经纪人。只有在这种情况下,美国经纪人与公司的劳动关系在法律层面上才能体现为合同契约关系,而不是劳动雇佣关系,因此经纪人事实上成为经营的主体,并拿到高提成,这背后的核心是MLS合作网络的强大。而如果不存在一个行业性质的合作网络,经纪公司就需要建立内部的合作网络,这是经纪公司给经纪人提供的最重要的内部服务。如果经纪人在公司内部觉得自己是安全的,他才愿意把房源拿出来共享与传递,而这一切的背后是公司需要建立内部的规则和合作体系,还需要建立强大的中后台执行规则。这些不仅是意味着公司成本,更意味着公司要有所作为,要解决个体经纪人所无法解决的合作问题。因此,只要公司有价值,公司就需要拿走一部分蛋糕,以运营与维护合作网络,在公司价值非常大的情况下,经纪人的提成不可能像美国那么高。

最后,高提成的背后是经纪人第三方服务市场的成熟。换言之,高提成的情况下,经纪人花钱可以购买到服务吗?如果不能,这些服务是不是应该由公司提供,如果经纪人的服务在公司内部可以满足,那么公司就需要留存一定比例的业绩用于提供这些服务。

具体来看,有两种情况:一种是经纪人拿走大部分提成,自己支配它的流向,经纪人可以购买服务,例如培训等,以提升自己的专业度;另一种是经纪公司留存一部分业绩提成,由公司决定怎么安排这笔款项。例如在信义,虽然提成率只有12%,但这只是一个数字,关键要看信义能够为经纪人做什么。信义为经纪人提供了一套完整的教育与训练体系,为经纪人提供了大量的福利保障和强制执行的休假制度、生育补贴、心理咨询等各种各样的经纪人服务。反观我国大陆的情况,由于不存在经纪人服务的第三方市场,公司更需要留存一部分业绩提成来建立内部的经纪人服务市场,满足经纪人的更多需要。然而,事实却完全相反,由于缺少基本的理财能力,经纪人拿走大部分提成之后,甚至会用于购买奢侈品等非理性消费。

综合评估,在中介产能过剩、管理缺位、基础设施薄弱等现实条件下,高提成模式必然会产生诸多危害,且这些危害往往是自然形成的,很难逆转,把整个行业逼向难以破解的危局。这表现在诸多方面:

第一,提成本身是一种财务策略,却在现实中变成了一种抢人策略。用高提成抢人的恶果是没有公司敢于培养人,特别是小公司更不敢培养人。

第二,高提成恶化了公司与经纪人之间的信任关系。老板用提成"算计"经纪人,经纪人不相信老板,在没有信任的前提下,哪怕提成再高,经纪人都觉得不满意。因此,高提成最终激发的不是经纪人的奋斗精神,而是"会计精神"。特别是高提成逻辑下,本质是把责任与风险一起让渡给经纪人,既然经纪人承担风险,经纪人就要自己做老板,永无宁日。

第三,高提成等于管理的无效和管理的负循环。在实践中,"高提成＝不合作＝自己开单＝不带徒弟＝成交为王＝客户体验差＝低费率＝掠夺客户"。可以说,这等式右侧的所有问题正是当下我国中介行业的真实写照。

第四,高提成间接导致低费率,低费率与高提成必然导致低利润。高提成更容易刺激经纪人的成交导向和短期行为,为了获得短期收入,低费率自然成为一种竞争手段。

第五,高提成导致高流失和高成本。从中介公司角度看,高提成意味着低投入、低成本。实际上,高提成的必然结果是经纪人的高流失,人员流失是公司的最高成本,不仅意味着显性的成本,也意味着商机和资源利用的低效率,也意味着客户的低满意度,并进一步导致很低的客户重复交易与转介绍量,获客的成本一直很高。

第六,高提成等于经纪人不成长、不发展,也等于经纪人的不安全感。既然可以通过低费率这种简单粗暴的方式获得收入,就不需要学习。既然没有底薪和福利保障,那就能做一单是一单;既然一单可以改变命运,那就无论如何抢一单再说。因此,经纪人的工作变成了每天如履薄冰,每天小心防范同事和对手,心理上承受极大的负担和不安。

第七,综合以上所有问题,高提成等于所有公司都不太可能赚钱。除了极个别城市的中介公司,绝大部分中介都不太可能通过二手房中介业务实现生存与发展。过去这些年,新房渠道的红利掩盖了这些问题,新房收入让大部分中介获得了阶段性的补充收入来源,如果不是因为新房,恐怕大陆中介早已陷入全面亏损的境况。

所有这一切,都需要彻底改变。改变应该从头部企业开始。如果每个城市的头部中介品牌以及全国性平台都认为人才是核心,意识到确定的底薪是经纪人安全感和归属感的基本保障,只有底薪模式才能把经纪人从成交为王拉回到服务为王的正确轨道,底薪模式或许有可能成为大家的普遍选择。这本质上是一个战略选择问题,也是一个管理问题。头部公司不改变,行业很难改变。在很大程度上,一个行业的进步是由头部中介公司带动的。

例如在日本,2010 年前后三井提出一个新的战略命题:三井在未来 50 年如何才能保持日本第一品牌的地位?解决这个问题的方式是全面取消提成,全部采取高固定底薪模式,经纪人的收入不再与业绩挂钩。三井认为哪怕有一点提成,都不能确保经纪人内在的成交导向的动力,为了彻底把经纪人引向服务为王,三井全面取消了提成。在此之后,三井经纪人的收入主要由底薪、奖金和各种补贴构成,总体收入大概相当于东京平均收入的 1.5～2 倍,经纪人的平均从业年限超过 10 年,年度流失率只有 3％。除此之外,最为重要的结果是三井的中介费率可以达到 6％。高固定底薪本质上是一种人才策略,也是一种服务策略和费率策略,可惜很多公司认识不到这一点。在三井这种高底薪模式下,员工流失率极低,每年仅需招聘不到 100 名经纪人即可满足需求。良好的品牌雇主形象,加之比较优厚的待遇,100 名不到的员工招聘需求量会吸引大约 1 200 名名牌大学学生前来面试,经过几轮筛选,最后大约有 120 名候选人进入公司最高层的面试,由公司 3 名高管组成的面试委员会最后会挑选 60 名最优秀的应聘者进入公司。这些新人入职后每月的薪资在 20 万日元左右,前两年以学习和了解业务为主,并不独立操作业务,经过两年的锻炼以后才逐渐开始独立作业,有一定金额的奖金,奖金也主要由服务满意度来决定。总而言之,三井严格挑选员工,认真训练,严格要求,持续保障员工的收入,员工满意度和敬业度均保持在较高水平,客户的满意度也在持续上升。

信义在我国台湾地区的做法也很类似,绩效采取高固定底薪、低提成模式,新入职经纪人的底薪 5 万元新台币,提成只有 12％,其中个人提成为 8％、团队提成为 4％。从信义的案例来看,高固定底薪意味着什么?首先是稳定的人才生成机制;其次是高品质服务的输出能力以及由此带来的消费者满意度;再者是在多家委托主导情况下,信义永远可以拿到一定比例的独家委托房源。在信义的挂牌房源中,独家委托占比可以达到20％～30％,这部分房源产生的业绩占比超过 40％,经纪人离开信义这个平台,就意味着巨大的机会成本。因此,可以说,低提成、高固定底薪的最终结果是稳定的独家委托房源,高底薪让人进来,独家委托让人不容易出去,人才供应链自动形成。如果信义这么做,其他中介公司,为了生存与竞争,也必然这么做,行业才会自动走向正反馈。

从另外一个角度看,高固定工资也是一种产能约束机制。如果绝大部分经纪公司都愿意采取合理的固定底薪模式,那就自然意味着对人才的有效管理;既然付出了固定成本,必然会对经纪人的行为、量化指标等有严格的管理要求。这反过来必然会促进经纪人的成长与专业化,每个公司也必然会沉淀下来一批属于自己的经纪人供应链,在这种情况下,经纪公司的本质差异就会体现为人才供应链的差异。

当然,我们很难一步到位,变成信义和三井这种高固定底薪模式,变革可以从点滴开始,逐步推进。我们在研究中发现,能够产生交易的经纪人大多数为一年以上的从业者,一年以内尤其是半年以内的经纪人很少产生交易。在这种情况下,公司可以考虑让所有一年以内的经纪人不再独立作业,以辅助高级别经纪人作业为主,主要任务是学习业务流程、交易流程、服务流程,收集客户需求信息,辅助和协助成熟经纪人,相当于实习生和助理。那么在薪酬设计上,对于这部分低级别经纪人,公司可以提供较高的保障薪资,保障期一年左右,从事豪宅服务的经纪人,保障期应该达到两年左右,经业务考核合格并且取得国家注册房地产经纪人证书以后方可独立作业。

回归价值原点

过去 20 多年间,中介公司之间的竞争往往是以业绩或市场占有率为中心,中介公司将它们视为最重要的目标进行管理,一切的管理规则、人才体系和价值原则均以此为中心,并以此为开端发展出越来越复杂的管理方法和管理工具。

为了赢得更大的市场目标,企业在发展过程中也会关注顾客的意见和反馈,对客户投诉较多、意见较大的服务环节也能够进行相应的变革和调整,不断提出不赚差价、真房源、免打扰、不成交不收代理费等服务承诺。此外,企业为了扩大规模,在服务流程上进行标准化改造,特别是借助于信息技术,可以为客户提供稳定和一致的服务。尽管如此,这个阶段的服务理念仍然是以竞争为导向,并非真正意义上的客户导向。一方面,服务的改进往往不是基于深刻的客户调研和洞察,而是公司高层凭借着自己对客户需求的认识进行自上而下的服务设计,也就是服务变革依赖于个别人的能力,而非组织能力。另一方面,服务变革的发起往往不是发自内心地对消费者好,而是为了领先竞争对手,先行一步做出一些改变,以形成差异化的部分优势。因此,服务品质仍然是一种竞争手段,并不是以满足客户需求为出发点而进行的主动求变。到目前为止,即使是那些最优秀的中介公司,其组织结构也没有现代企业通常都有的客户研发部门,大部分中介公司的客户部门都以解决客户纠纷和投诉为主,在客户需求的研究和服务改进方面并没有多少人力投入。

归根结底,在过去这种以竞争为中心的经营理念之下,管理的出发点是管理规模,品质管理的核心假设是不骗人就有竞争力。在这种理念的指导下,企业领导者往往认为门店规模代表着竞争优势,房源规模代表着市场占有率,管理者眼中关注的是能开多少家店、能招聘和保留多少经纪人、能控制和聚焦多少在售房源尤其是优质房源,能够给我带来多少挂牌房源、我能够控制多少可售房源、我能够转化多少聚焦房源。在这个管理过程中,服务品质基本上等同于底线品质,核心是满足客户的安全需求,一旦出现风险,能够快速化解,避免事态进一步扩大化,以免对其他业务造成负面影响。

面向未来,随着市场的转变和客户需求的变迁,规模竞争已经走到临界点,产能过剩意味着规模增长的边际效益大幅度下降,增长的代价却越来越大。不仅如此,中介行业的高提成战争也该结束了,因为目前已提到不可持续的极限水平。展望未来,中介公司的长期可持续发展必须以满足客户需求为基本出发点,将客户的需求了解和服务设计作为公司战略和业务策略的起点。真正树立以客户为中心的经营理念,把研发和创造对客户有价值的产品或服务当成企业最重要的竞争力和发展目标;并以此为导向,建立起以客户为中心的组织,逐步发展出能够提供高品质服务的组织能力。

　　为此，我们需要进行三个方面的管理变革，如图 5.4 所示。

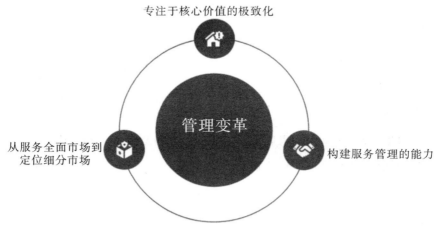

专注于核心价值的极致化

管理变革

从服务全面市场到
定位细分市场

构建服务管理的能力

图 5.4　管理变革

　　第一，从服务全面市场到定位细分市场。战略的核心是定位，定位的本质是在细分市场成为绝对的第一。未来的中介公司需要更加注重客户研究和客户细分，要定义清楚企业到底为哪些客户服务、提供什么样的差异化价值。特别是对于小企业而言，更要做好客户细分，只有专注才能专业，只有专业才能构建核心竞争力。例如，90 后、00 后经纪人天然是互联网的原住民，他们对信息的要求更高，对响应的速度要求也很高，这个细分客户群体是否需要差异化的服务？ 另外，随着老龄化的到来，许多楼盘的客户平均年龄已经达到 50 岁，他们更依赖于线下服务，也已经具备不少买房或卖房经验，那么要为这些群体提供什么样的差异化价值？

　　第二，专注于核心价值的极致化。消费者对于中介服务的核心利益主要就是三点：安全、高效、愉悦。不同客户群对这三个元素的诉求权重是不一样的。刚需群体对于安全的要求更高，比以往任何时候都高。在过去卖方主导的时代，买卖双方对于安全的诉求主要是不吃差、透明交易、资金监管等。随着买方时代的到来，房子单边上涨的时代趋于结束，买方对于买错的担心反而变得更大，卖方也害怕失去最好的出售时机，担心卖亏。学区房客户不仅担心买贵，也担心上不了学；买新房的客户担心交不了楼以及交付质量不达预期，也担心经纪人只推荐高佣金的新房楼盘。因此，刚需、学区房、新房客户对于安全的要求更高了。至于换房和改善类客户，在安全达标的基础上，对于高效的要求会更高。他们需要经纪人深度理解和挖掘内心的隐性需求，也需要经纪人专业的、及时的沟通与反馈，从而能够在合理的时间换到合适的房子。这些都意味着经纪人不仅需要具备讲房、带看等基本的专业能力，更需要对物业服务、周边邻里等生活设施信息进行更准确的了解与同步。此外，交易流程的便捷度也很重要，贷款、过户等环节避免枉跑，所有这些都是高效交易的必要条件。对于豪宅客户而言，安全和高效是必备的；在此基础上，服务的愉悦度非常重要。这些客户对于经纪人的专业能力和职业操守有着更高的要求，他们对于隐私非常注重，不愿意联系多个经纪人，对经纪人的选择非常谨慎。不仅如此，在服务交付的每一个环节中，他们都对细节有更高的体验诉求，例如专车接送、带看报告等细节，这些都需要经纪人在专业之外具备同理心、换位思考等内在能力。

基于这些变化，我们认为未来的中介服务必然会出现明显的分化，对不同客户群提供差异化的服务，并在核心利益的提供上做到极致。很难有一家公司服务于全部市场的全部客户，只有深度聚焦一类细分客户，才能创造真正的竞争力。例如，未来有可能会出现"滞销房销售专家""学区房专家""刚需专家""老家人换房专家"等细分服务市场。例如，在今天的买方市场情况下，超过60%的在售房源无商机、无带看，也没有经纪人关注，这些业主根本得不到应有的、公平合理的对待。如果有一类经纪人或公司专注于这类房源的销售，应该是非常明确的客户需求。

第三，构建服务管理的能力。过去的中介管理更多是管理规模，以竞争为中心，大部分中介公司对于服务管理是缺少思考的，更没有明显的进步。为了构建以客户为中心的服务体系，管理者需要避免导致服务失败的五个差距，如图 5.5 所示。

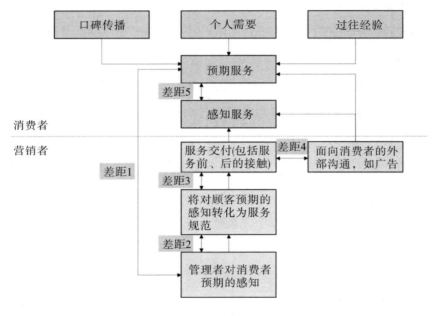

图 5.5 五个差距

一是消费者预期与管理者感知之间的差距。管理者并不总是能够正确地感知消费者想要什么。例如管理者可能认为客户想要看更多的房子，但客户其实可能更关心经纪人说的话是否真实、经纪人对自己的需求是否真正理解以及对自己的诉求是否及时响应等。为了解决这个问题，中介公司需要建立客户研发部门，通过客户需求调研，不断设计和优化服务流程，而不是像现在这样，只有客户投诉部门，只能事后解决客户的不满意,而不能前瞻性地提供新服务、新产品,及时满足客户需求。此外,这也要求管理者需要深入一线,尽可能地陪同经纪人作业,这样才能敏锐地感知客户需求。

二是管理者感知与服务规范之间的差距。管理者或许能够正确感知客户的需求,但没有设定统一的服务标准和管理标准。例如,管理者可能会告诉经纪人要快速地响应客户需求,但是对于一些关键的流程没有明确的规定,如应在几分钟内响应客户的问询等。再比如,如果消费者需要安全的服务,就需要对安全有更明确的定义,并变成标准的作业规范,如定金的监管额度是多少,是否必须进行产权核验,前置性地规避风险。

三是服务规范与服务交付之间的差距。经纪人训练不足,可能没有能力或不愿意达到服务标准。例如管理者或许已经要求经纪人在带看过程中至少完成三套房的带看讲解,但是这对于经纪人的专业能力要求是比较高的——他需要记住并熟悉很多房源,清楚每一套房子的优点或不足,也需要确认哪些房子可能是客户所需要的。所有这些能力的养成,不仅需要大量的培训通关,也需要结合实战。作为管理者,既要为经纪人提供必需的训练,必要的时候也需要店长或师傅陪同,以弥补经纪人能力的不足。

四是服务交付与外部沟通之间的差距。消费者的服务预期往往会受到公司宣传或广告的影响,例如公司会对外传播安全交易、真房源、赔付标准等服务承诺,如果客户接受的服务与公司宣传的服务之间存在过大的方差,这会导致客户的不满意。从现状来看,大多数中介公司要么根本没有对外进行品牌推广,要么进行虚假或过度宣传。因此,品牌推广和营销能力是中介公司最需要提升的能力,向潜在消费者提供明确的品牌宣言:我是谁,我能提供什么,做不到怎么办。

五是感知服务与预期服务之间的差距。如果客户感知到的服务差于预期的服务，客户就会产生不满。中介公司应该提供一致性、标准化的服务，以避免感知与预期之间的落差，并尽可能地超过客户预期，产生客户忠诚。

以人为本

中介公司的服务离不开经纪人，每一个经纪人都具备无限可能。中介公司本质上是一个教育机构，它的核心功能就是发现人、发展人、留住人。这一切都需要管理者树立正确的人才观，视人为人，并肩负管理者的使命，让人才得以成长。为此，就需要在人才管理上进行变革，满足经纪人的多重激励，促进经纪人的稳定成长和长期职业化。

第一，满足经纪人对经济回报的需要。人本主义心理学家马斯洛认为人的需求可以分为不同层次，经济需要位于低级层次，自我实现位于高级层次，随着低层次需要日益得到满足，它就会变得越来越不重要。例如，当人们的经济需要得到满足后，人们不再需要为得到下一顿饭而放弃其他人性需要和人类价值观，获得更多经济回报的满足感就会越来越少。然而，越来越多的研究表明，马斯洛的认知具有一定的局限性。经济回报的重要性不会因为它得到满足而有所下降，相反，在经济回报达到一定水平，满足人的基本生活与生存需求后，它作为正向激励的效果会有所减弱，但是其导致不满的能力却迅速增强。这个时候，经济回报不再是激励，而是转化为福利。因此，我们可以得出结论：当一种需要得到满足之后，其作为激励或奖励的能力会迅速减弱，但其成为障碍、制造不满，以及作为阻碍因素的能力却迅速增强。

如果一个人觉得自己的收入与投入不匹配，或者与其他人相比，自己在经济回报上受到了不公平的对待，彼此之间的收入差距过大，这些都会导致更大的不满。不论收入有多高，人们都会因为一点收入差距而产生不满。于是大部分组织面临的问题就包括两个方面：一是绝对收入水平低，不足以满足人们的生存与生活需求，至少需要达到社会平均工资水平方可解决基本的生活需要；二是相对收入水平合理，组织内不同人员之间的收入差距不应太大。

我们之所以花这么多笔墨解释这个问题，是因为中介行业面临的底层问题就是收入问题，既表现在收入绝对水平低，大部分城市的经纪人收入只有社会平均工资的 $60\% \sim 80\%$，甚至无法保障基本的生活，许多经纪人不得不负债生活；也表现为相对收入不合理，经纪人之间收入方差过大。这两个问题不解决，中介行业始终无法为经纪人提供稳定、可预期的职业。

当务之急是提升经纪人的绝对收入水平，使之不低于社会平均收入。在管理上，为了实现这一点，全行业应该放弃过去那种大量招聘，适者生存、自然淘汰的人才理念，减少人员的招聘规模，精选增量，优化存量，减少产能，提升人效。招适合的人，然后努力地培养他、激励他，尽可能延长经纪人的从业时长，以经纪人的工作能力和工作效率的提升驱动收入的增长。同时，也只有精选人才、强化培养，才能避免人才的随机成长，减小不同人员之间的能力方差，收入的差距也必然会有所减小。

第二，让经纪人更多地融入社区，满足社会关系的需要。现代社会，人都是为他人工作，工作本身是一种社会联系和社区联系，或者说工作是人们踏入社会、融入社区的主要途径。亚里士多德认为人是一种社会动物,人需要通过工作来满足自己融入社区的需求。从这个角度理解,我们就能明白,工作的意义和满足感来自为他人服务。这也是为社会服务,换言之,工作即服务。如果工作是为他人创造价值,是帮助他人解决问题,它就会变成一种使命召唤、一种发挥天赋的方式,那么工作就不是用来忍受的,而是令人愉快的。

这样看来,"我是一名医生"或"我是一名经纪人",这句话不仅表明了他的身份特征,也道出了他的社会地位以及他在社区中的角色。而如果说工作只是单纯地为了获得报酬,那么劳动的对价就是报酬,工作只是追求物质富足的手段。如果一名老师认为他只是一个为了获得报酬而出卖时间的劳动者,忘记自己作为一名教职人员的尊严和教书育人的职责,他就不会付出所有的体力和心力,不会致力于孩子的成长和教育,更不会获得内心的满足与安宁。同样,经纪人也如此。

从社会学的角度看,工作不仅是积极的,也是人性的重要组成部分,因为工作也是处理和培养人际关系的一种方式。正是因为工作,我们才成为社会网络的一部分,处理与同事、客户之间的关系。这个世界上没有人可以单独存在,人与人之间的联系是人成为人的重要元素。失业是一件让人痛苦的事情,因为失业让人们失去收入,而且切断了社会联系,从而会影响人们的自我价值实现与自我认同。

那么对于经纪人和管理者而言,社会关系需要意味着什么呢?首先,工作关系或同事关系本身就是一种最重要的关系。对于大多数人而言,工作是家庭之外唯一的纽带,尤其是对于未婚的年轻人或者孩子已经长大的中老年人来说,工作甚至是比家庭更重要的联系纽带。美国经纪人几乎是中老年人,就证明了这一点。因此,对于经纪人而言,创造良好的、公平的同事关系和职场环境是非常重要的。管理者的权力并非天生的,而是一种授权，这种授权的基础是对责任和结果，及对员工负责。大多数公司管理者认为自己是高高在上的权威，甚至不容挑战，这些都不利于构建良好的员工关系。其次，经纪人的工作天然就在社区，本职工作就是与人的连接，具有非常强的社区价值。然而，在当下的管理模式下，经纪人要么被困在店里等接待，要么被困在手机里等客户咨询，让工作本身失去了社区意义。如果不能让经纪人在社区找到工作的意义，那么工作对他而言只是赚钱的工具，他不会投入心血，不会敬业，更不会对工作充满热情，工作效率就会很低，也不可能创造出超预期的业绩。而从管理的角度看，员工逃避工作与管理者的监督必然会成为一种持续的冲突，从而滋生内部的博弈，使管理的成本提升。这就是为什么虽然管理者每天抓工作量、要业绩，但经纪人工作越来越消极、业绩越来越差。

第三，满足经纪人对尊重的需要。任何人都需要尊重，这是不言而喻的，经纪人也是如此。管理上，为了实现对经纪人的基本尊重，有三方面的工作是需要改进的：

一是公平、公正地对待经纪人。目前来看，大部分中介公司在对待员工的基本权益方面还有很大的改进空间。中介公司应该给予经纪人最基础的应得尊严，使其基本权利得到保障。例如企业应合法合规用工，保障经纪人的相关权益，让经纪人感受到这是一份有保障的正式工作，而不是一份临时性工作。此外，公司在管理过程中，应尽可能考虑到员工的权益，劳逸结合，保障员工的休息休假权利，尽可能缩短员工的工作时长，减少对员工休息时的打扰，减少系统算法对人的控制。

二是在管理方式上推动员工参与和自主管理。中介公司过去的管理是人管人、人盯人。未来的管理中，企业应该推动信息的开放和共享，让一线员工相信他们有能力根据这些信息自主地做出判断，以利于他们发挥出更好的自主性和灵活性。企业管控的方向主要是底线管理,包括道德底线、作业基本规范和绩效标准。其他方面,管理者应该相信经纪人可以进行自主管理,相信他们自己能够管理好自己,并通过创造这样的场景让经纪人积极参与。

此外,过去大多数公司采取自上而下的管理方式,强调军队式的服从文化,但随着员工自主意识的增强,这种军队式的服从文化很难适应未来的个性化、多元化需求。企业应该及时转变管理理念,采取各种方式,让员工广泛参与到公司的管理中,如在各种制度规范发布之前,应该和员工代表有深入具体的沟通,征求员工意见和建议后,在广泛共识的基础上再发布执行。此外,企业应该完善各种员工献言的渠道,利用好互联网和社群的力量,广泛征求员工建议和意见,不断改进公司的管理。在这个过程中,让员工对公司管理有参与权,对公司产生归属感。

第四,满足经纪人身心健康的需要。从生理维度看,人不是机器,也不可能像机器那样工作。如果只重复性地做一个尽可能简单的任务,那么机器就会达到最佳工作状态。人却不行,人类的身体演化使之可以从事一系列操作而不是重复完成某项操作,人的身体属性决定了他们很难以不变速度或标准节奏工作,如果能够频繁地变换速度或节奏,人就更容易达到最好的工作状态。我们经常说管理要顺从人性,这个身体属性就是最核心的人性。经纪人的工作本身是一个与人互动的工作,它需要调动人的积极性和主动性,尤其是在感性服务方面,不存在一个正确的速度或正确的节奏。

多元平衡

纵观管理思想百年来的变化，管理的目标也在不断变化。泰勒的管理哲学以追求效率为主要目标，科学管理的本质是以科学方法取代传统经验，通过分解工作流程提高工作效率。随着管理实践的发展，特别是伴随着经济从工业向服务业的全面转型，管理哲学开始强调人本主义和行为主义，管理的目标是激发人的积极性和主动性，以提升工作效率并保证服务体验。随着时代变迁，人们对企业存在的意义和管理者的价值也开始重新思考。德鲁克认为企业的目标不仅仅是追求效益和股东价值最大化，还要承担相关利益者的综合利益；企业是社会的器官，企业不只要追求商业的成功，更要为员工发展负责。德鲁克认为管理者的价值是为了激发人的善意，创造更大的社会价值。由此可见，德鲁克已经将管理的目标上升到了社会层面，激发管理者的使命感和意义感。在德鲁克的启发下，许多创新型企业和新经济企业开始积极践行现代管理理念，开始更加强调激发和自主，减少对员工的控制和限制，更加强调激发人的主动性和创造性。

进一步总结，管理的转变主要是围绕两个维度：一个是以外部竞争为导向，还是以更多关注内部员工为导向；另外一个是管理要以实现更好的稳定与控制为导向，还是以实现灵活与自由为导向。由此可见，管理是一个动态变化、不断取得平衡的过程。管理者的进化也将是一个持续不断的学习过程。

中介行业经历了 20 多年的变化，也取得了一些进步，面向未来，为了发展以客户为中心的服务能力，应避免过度外部竞争，转向关注内部经纪人，满足经纪人的多重和复杂激励。未来的中介管理仍需要进一步变革，取得多元平衡，如图 5.6 所示。

图 5.6　多元平衡

第一，在业务管理和客户满意度管理方面做好平衡。过去中介公司的目标管理主要围绕收入、利润、市场占有率等业务目标；过程管理主要围绕资源量、活动量和效率漏斗等量化或转化率指标；线上化运营又增加了客户响应率、任务完成率等各种任务指标。这些都可以称为业务方面的管理进步。但是，中介公司在客户满意度管理方面始终是非常缺失的，NPS、推荐率、重复购买率等一些在其他行业已经普及和应用的服务品质体系在中介行业尚未广泛使用。在这方面，公司可以考虑建立客户回访和评价体系，通过客户的反馈和评价，以及陌生客户的随机抽检来给经纪人的服务进行评价。通过客户的反馈和评价，建立基于客户满意度的目标管理体系，不断改进和提升服务品质。

第二，在管控和授权之间做好平衡。过去中介公司习惯于通过自上而下的管理方式层层分解目标，通过强绩效考核的方式进行各种指标的管理。一线人员在目标制定过程中的参与度较低,在胡萝卜加大棒的管理方式下,基层员工的职业体验很差。随着时代的进步,人们对工作的自主性、参与感、意义感等各个方面的需求越来越强烈,传统的激励因素已经很难发挥作用,人的天性决定了他们会寻求对自己命运的掌控权和工作的意义感、社区的归属感,并希望在这个过程自己引导自己。许多现代企业在这方面已经有了很多的管理改进,例如目标管理方式从KPI(指关键绩效指标)分解更新到OKR(目标与关键成果)管理。本质上,OKR管理的目标就是要发挥员工自主性,在给予员工充分的信息后,相信员工有能力根据企业的目标为自己设定更加有挑战性的目标,从而替代了过去自上而下的目标设定方式。在OKR管理过程中,管理者加强了过程跟踪、反馈和总结,双方共同努力来实现有挑战性的目标。

第三,在统一和多元中建立新的平衡。房屋交易具有显著的本地化属性,在房价最高的城市和房价最低的城市,房价相差几十倍,交易量相差十几倍,单笔交易的中介佣金也相差几倍。即使是同一个城市,学区房与非学区房、市中心与郊区、新房与旧房的差异也很大。在高度差异化、个性化的市场,一套统一的管理方法显然无法适合全部市场和全部客户。对于企业而言,尽管多种管理方式并存会影响管理的一致性和内部的公平性等,随着城市和区域发展的不平衡,企业需要在差异和统一、统一与灵活之间取得新的平衡,管理好差异,满足多方面的需求。例如企业可以根据客户细分,将大致相同的一类客户或者区域进行统一管理。这方面的典型案例是麦当劳,它将全世界的门店按照不同标准分为四类,针对每一类门店都有一套不同的管理方式。中介企业可以借鉴这种分类管理方式,对门店进行分类管理,或者有一部分统一的要求,另外一部分可以差异化管理,这样既考虑了差异性,也考虑了一定的统一性。

第四,在细化和简化中建立新的平衡。科学管理阶段的主要特点是对业务流程进行拆解、标准化和流程重构。在对极致管理的追求过程中,难免会出现管理的过度化和复杂化,现代企业对多元化目标的追求又进一步导致了管理力量的分散化。在多元化追求和不断精细管理的双重驱动下,企业管理越来越复杂,管理的指标越来越多。在追逐这些众多的指标过程中,上面千条线,下面一根针,基层员工苦不堪言。面向未来的管理需要有从繁到简、从重到轻的转变。管理需要抓住重点,做好聚焦。为此,企业应尽可能公开信息,将数据同步给一线员工,让员工自己来分析。通过赋能与赋权,让员工自己来决策。管理者只需抓住少量关键的指标进行聚焦管理,实现精细化与聚焦的平衡。

第五,做好短期与长期的平衡。过去中介公司由于自身实力弱,且受到市场波动频繁的影响,管理以短期导向为主,客户导向和服务导向的经营方式尚未建立。中介竞争也主要体现为同质化竞争、价格竞争、底线竞争,而高质量的品质竞争、创新竞争、管理竞争始终停滞不前。20多年来已经形成和固化的那些低效重复的管理活动仍然在惯性使用,背后的核心原因是管理导向短期化,缺乏长期的经营思维和意识。面向未来,企业的管理必须发展长期战略管理能力,在经营、预算、组织建设等方面做好长期的计划和安排。

当然,管理的变革是动态进行的,未来走向何处,向哪里转变,我们需要持续思考。无论如何变迁,我们相信管理一定要和时代同步,要有清晰的变革目标,秉持变革的决心,相信有志者事竟成。当然,做到这些,需要管理者始终保持开放之心,面向未来,学习变革的技能,掌握变革的节奏,不断前进。

6

组织的转变

理想如晨星，我们永不能触到，
但我们可以像航海者一样，
借星光的位置而航行。

————史立兹

按照管理学对组织的经典定义，中介组织是有意识地对经纪人活动进行协调，将所有组织成员凝聚在一起，为客户提供优质服务的集体。虽然中介的组织形态千差万别，它们大都拥有同样的两个目标：一是为经纪人提供安全和稳定的职业发展平台；二是为买卖双方提供安全、高效、可靠、愉悦的交易服务，确保客户价值，并维持长期关系。

回顾历史，中介组织的变化在很大程度上与市场环境、行业竞争、科技进步和资本力量等四大因素密切相关。过去20多年，中介行业经历了夫妻老婆店、本地直营连锁、全国直营连锁、加盟连锁、互联网中介、平台化组织等诸多变化。展望未来，到底什么才是最好的组织模式？直营到底有没有机会？近几年大行其道的加盟模式又将走向何处？

组织的演变

按照组织形态划分,中介组织大致分为四种模式:直营连锁、特许加盟连锁、互联网中介、平台化组织。纵观国内外中介组织的变迁历史,不同发展阶段的主导形态会不断变化,基本的方向是从直营主导到直营与加盟的并驾齐驱,从线下组织主导到线下线上一体化发展。从最终的结果来看,直营与加盟的边界往往会日益淡化,线下与线上也会相互渗透。我国大陆中介组织的形态也大致遵循了这个方向。

伴随着 1978 年的改革开放,国家逐步开始推行城镇住房制度改革,1987 年明确指出房地产市场是社会主义市场体系的一个组成部分,1990 年全国范围内基本完成了房屋所有权登记工作。所有这一切都为房地产交易市场的重新激活创造了客观条件,最早的中介组织形态也开始出现。那个时候,在许多城市率先出现的中介组织形态主要有两类:一类是各地政府成立的房地产交易所,除了承担市场管理职能之外,交易所也承担着一些房屋交易服务功能;另外一类是社会上自发形成的非正式组织,它们提供一些房屋转换和租赁服务,为非全职的经纪人员提供活动场所。总体上,这个时期的中介组织大多数是非正式、非规范的,也无法提供基本的交易服务,对中介行业的早期口碑产生持续的负面影响,经纪人甚至被称为"房虫"。

20 世纪 90 年代初,伴随着《城市房地产管理法》的出台,房地产经纪活动的合法地位得到了确立。1993 年 2 月,第一家全国性的房地产中介机构,即建银房地产咨询有限公司成立,标志着我国大陆房地产中介机构的组织化发展过程正式拉开了帷幕。

1998 年房改前后，来自我国香港和台湾的直营中介品牌，以中原和信义为典型代表，开始率先进入上海和深圳等市场。同时，一些本土化中介品牌，包括顺驰、好旺角、我爱我家、链家等也纷纷成立。特别是 1998 年之后，随着商品房市场的发展和二手房交易的起步，许多直营连锁组织从小到大，逐步成长起来，并在本地市场取得了较为明显的竞争优势。也有一些实力较强的直营连锁机构从本地直营连锁扩展成为全国直营连锁。相对之下，这个阶段的直营组织在管理上已经有了不少进步，包括总部统一投资的开店、统一的人员管理、统一的服务质量、统一的内部信息共享管理等。

2001 年左右，美国 21 世纪不动产特许加盟品牌开始进入我国大陆，加盟连锁型组织模式正式进入早期的发展期。后来随着 21 世纪不动产的不断发展，台湾住商、玛雅房屋、太平洋等加盟品牌也纷纷进入我国大陆。在早期这波加盟浪潮的推动之下，本土有些直营品牌也开始尝试特许加盟，采取混业经营的组织模式，要么直接从直营改做加盟，例如南昌中环等品牌早期都是直营品牌，后来改做加盟，并在不少城市取得一定进展。另外一些本土企业也开始学习模仿 21 世纪不动产，创造自己的特许品牌，在当地开展加盟业务。总体上看，特许加盟模式有一些典型的组织特点，包括每个门店都独立拥有、经营上具有相当的灵活性和自主性、人员各自管理、服务质量不统一、缺少有效统一的内部信息共享管理等。

回首来看，1998—2015 年这个时间段，虽然一些加盟品牌在一些城市取得了一定的规模，但是直营连锁模式的优势更加突出，在竞争中取得了明显的竞争优势。在商业模式上，直营与加盟是两种不同的模式，盈利能力非常不同。虽然直营连锁模式在前期需要较大的投入，但是一旦建立一定的规模优势,经营利润会远远高于加盟模式。特别是在高房价和高费率的城市,有些直营连锁企业每年可以实现数亿元的利润,加盟连锁企业在同样的城市只能够收获数千万元的利润,两种模式利润额相差数十倍,因此直营连锁企业获得了较快的发展。此外,直营连锁企业在管理方面也有很大的优势。例如房源信息的质量和经纪人的服务品质都明显超过加盟连锁企业,这是直营企业当时能够发展壮大的根本原因。在人才方面,相对于规模较小的加盟店,直营连锁企业由于规模大、实力强、发展机会多,也能够吸引更多优秀的求职者,经纪人的质量相对较高。因此,在满足客户需求和经纪人需求两个方面,直营连锁模式都更为突出。因此,我们会看到许多优秀的直营品牌取得了快速的发展,门店规模超过千家,许多全国性直营企业的规模超过几千家门店。

当然,直营连锁组织也有明显的弱点。最突出的问题是管理成本高,抗风险能力弱。在每一次市场波动中,直营连锁组织通常会采取关店和裁员等短期策略以应对周期挑战,这会对组织士气造成较大的影响,也使得很多直营公司无法穿越周期波动,更无法建立有效的规模。在许多低能级城市,本地直营公司由于经营利润有限,加上受到全国化企业扩张的冲击,它们的发展往往会受到限制,经过行业的整合和并购,品牌集中度在这个阶段也得到了显著加强。相对而言,特许加盟组织由于创业门槛低、管理灵活,对那些希望独立拥有自己事业的从业者具有一定的吸引力,尤其是在广大的三、四线城市,反而比一些直营公司更具竞争力。

2015 年是中介行业大变革的起始之年,组织模式开始发生巨大的变化,并产生深远的影响。

首先是互联网中介组织的快速发展。中介行业本质上信息服务业,许多优秀的中介公司早在 2000 年就已经在组织内部建立了房源共享和业务管理的信息系统。随着互联网媒体的发展,2006 年开始中介公司将房源广告的主流渠道从传统纸媒转向互联网媒体,新浪、搜狐焦点、搜房、安居客等互联网媒体快速成为中介公司获取客户的主要渠道。2014 年左右,伴随线上线下一体化的迅速发展,许多线上公司已经不满足于通过线上分发流量获取广告费,它们希望介入更多的交易环节,以获取更大的收益。于是,我们会看到搜房开始全面转型,从线上信息媒体平台转做线下交易,自称为互联网中介的爱屋吉屋也开始在上海快速发展。与此同时,链家和世华地产等线下中介公司开始进军线上,成立了链家网和 Q 房网,与互联网公司两线开战。

具体来看,那个时候的互联网企业对中介组织的重构主要在两个方面展开:一方面通过降低佣金来吸引客户,另一方面通过高薪挖经纪人来建立线下团队。低费率在早期具备一定的优势,在与传统中介公司的竞争中,互联网中介取得了很大的优势,市场占有率也快速提升,对线下中介企业造成了很大的压力。但是由于费率低、收入低,效率提升也很有限,经过一段时间的快速扩张之后,收入增长往往赶不上过快的成本上涨,导致互联网企业的现金损耗非常大,不得不通过一轮又一轮外部融资才能支撑。然而房屋交易是典型的低频交易,短时间内无法通过佣金补贴让客户形成消费习惯,为了获取新的客户,互联网中介需要继续不断地补贴。一旦融资中断,补贴减少,业务量就会快速下降,经纪人队伍也会快速瓦解。也正是这个原因,几乎所有的互联网中介只经历了短期的繁荣。

其次,传统中介组织也开始进行主动变革。重点在三个方面改进组织:一是开始自建互联网门户,或者自建线下线上一体化的交易平台,避免过度依赖互联网端口,受制于人。相对成功的转型是链家网,主打"真房源",脱颖而出。二是吸引和保留更多的经纪人。Q 房网在全国打响了提高优秀经纪人提成的第一枪,将传统中介的经纪人提成比例由最高的 40% 提升到了最高 75% 左右。在高佣金的吸引下,Q 房很快吸引了一大批市场上成熟的经纪人。在 Q 房网的压力下,链家也在 2015 年跟进几乎同样的高提成制度,既保住了自己的优秀经纪人不外流,同时也吸引了行业内大批成熟经纪人加入。

再次是资本的大量引入。在 2015 年之前,资本对传统中介企业的兴趣不高,仅仅尝试性地投资了部分龙头企业,只有链家、21 世纪不动产、顺驰地产等极少数企业拿到了少量资本。究其原因,一方面是传统中介虽然具备一定的盈利能力,但是增长却受制于市场的周期波动;另一方面是国内资本市场对房地产类企业的上市也有一些难以逾越的限制。在国内上市受阻的情况下,房地产类企业只能选择海外上市,但是传统企业在海外上市成本高、估值低,上市的好处并不突出。但是 2015 年互联网和传统中介行业的结合,让资本和企业都看到了新的希望,再加上阿里、京东等中概股在海外市场的优异表现,资本开始重新认识中介行业,并重仓头部优秀公司。在这个背景下,链家拿到了不少融资,我爱我家和 Q 房网通过资本市场整合,也完成了上市。

总体看,2015—2017 年是中介行业发生巨变的三年。这个阶段的中介组织在房源、客源、经纪人等传统组织要素的基础上,又增加费率、技术和资本三个竞争要素。互联网中介组织具备技术和资本两个核心新要素,却缺少传统的要素,它们采取的策略是高薪吸引经纪人和房源,低费率获取客户,从而实现业务量的增长,再以增长吸引更多的融资。事后评估,这种策略是无效的。而以链家为代表的中介组织,已经具备了很强的房源、客源和经纪人供应链管理能力,借助于技术和资本这两个要素,反而更容易取得成功。这是中介行业与其他行业非常明显的不同点,线上化改造的路径最终由线下企业完成。

经过连续三年多的线上与线下的激烈竞争,互联网中介最终败下阵来,传统中介组织的发展也进入了瓶颈期。中原作为曾经的行业龙头,缺少主动变革的精神,不断进入衰退期,许多城市陷入困境,尤其是二手房业务出现明显下滑。Q房网和我爱我家的上市也没有对组织增长产生明显的帮助,增长仍然依赖于市场周期,主动变革的能力很有限。21世纪等特许加盟组织依然无法解决门店之间的合作问题,内部的信息化与系统化改造也没有显著的进展。链家完成全国性并购,合并了一大批区域化的头部直营中介之后,再次遇到增长的边界,连续几年的交易额始终保持在1万亿元左右,没有明显的增长。

正是在这个背景下,2018年链家发起更大的变革,全面推进平台化战略,正式启动德佑作为加盟品牌,在全国范围内快速扩张。2018年4月,链家获得软银、高瓴、源码以及腾讯、百度、万科、融创等知名风投或领军企业的投资后,正式宣布成立贝壳平台。在这个平台模式下,贝壳作为线上平台,负责流量、规则、交易服务等基础设施的搭建;线下品牌和门店,作为经营者和服务者,面向消费者提供服务。自营品牌链家是贝壳平台的基础和压舱石,德佑作为贝壳自有的加盟品牌是规模扩张的主要驱动力,同时一些区域品牌也开始加入贝壳平台。经过4年多的发展,目前的贝壳已经成为一个连接5万家门店和50万名经纪人的平台,成为交易服务领域有史以来最大的组织。在贝壳平台化的驱动下,中介组织的生态也在进一步裂变,贝壳内部不同品牌之间既竞争又合作。北京和上海之外的链家,作为直营品牌,它的发展面临着新的压力;德佑和其他加盟品牌在贝壳平台下,同样很难产生差异化,难以找到自己的定位和存在感。贝壳之外的直营与加盟组织同样也在寻找新的出路。特别是面对2022 年的市场下行，中介行业受到重创，几乎所有的中介组织都在寻找新的方向，转型的内在动力日益增强，新一轮的组织变革似乎已经在路上。

新的谜题

经过几十年来的组织演变与过去几年的平台化浪潮，中介行业的生态结构已经发生了巨大的变化。然而，巨浪裹挟之下几乎所有参与者都变得更加困惑了，贝壳内外、直营和加盟都面临着不同的挑战，正所谓各有各的困难，中介组织的未来方向似乎越发扑朔迷离。

首先，在平台化与加盟化浪潮之下，传统直营连锁模式受到明显的冲击。在 2018 年平台化之前的竞争中，相对于加盟组织，传统直营连锁模式本具有一定的比较优势，对消费者保障能力强，服务品质相对更好，内部房源合作效率也更高，管理和组织能力都更强。然而，这些竞争优势随着平台模式的出现而逐步丧失。客观地看，当链家开始转型做平台，把自身的房源、系统、技术和金融等能力向全行业所有从业者开放的时候，加上贝壳的品牌、流量，以及通过规模和资金优势产生新房销售资源，初期很容易吸引大量经纪人、门店和品牌加入贝壳，从而形成更强的规模势能。按照兰彻斯特竞争法则，当一个区域主导品牌的组织规模优势超过第二名 1.7 倍时，主导品牌的竞争优势将会非常明显，并逐渐蚕食弱者的市场份额。在这个逻辑之下，随着贝壳的规模扩张，大部分城市的传统直营和加盟组织出现持续的规模缩减，与贝壳的竞争中处于相对的劣势。

事后来看,经过几年的市场竞争,全国只有少数城市的直营品牌得到了进一步成长,例如重庆、长沙、常州、菏泽等城市还有一些大型直营品牌,其他城市的直营品牌要么停滞不前,要么规模收缩,要么加入了贝壳。还有极小一部分企业,坚持差异化经营和品牌定位,给客户和经纪人创造独特的价值,在平台模式下依然保持着良好的发展势头,例如聚焦高端市场的丽兹行。

其次,在平台模式下,链家作为自营品牌也受到了几乎最大的冲击。在贝壳之前,链家的直营化管理相对封闭,它可以通过规模扩张和品牌宣传获得更多的房源,加之强有力的直营管理,有效地生产和加工房源,从而让更多的房源处于可售状态,再通过聚焦等手段联合周边更多的门店和经纪人迅速将一部分聚焦房源在封闭体系内合作出售,然后对费率严格管控,严格控制佣金折扣率。这样做的结果是效率高、费率高、人效高。此外,链家内部明确的规则和组织,可以让经纪人之间的争议得到有效的处理,让经纪人在组织内感到公平和公正。进一步来看,直营组织内所有经纪人和商圈经理的提成标准都是一致的,经纪人向外流动的动力不足。然而,一旦走向开放,直营的管理逻辑开始失效。例如,链家在房源加工和管理上具有明显的优势,在开放平台和合作联卖机制之下,链家的房源越来越多地被非链家经纪人出售,在客源端业绩占据主导的情况下,链家始终处于“净输出”状态;相反,许多非链家品牌在房源加工和管理方面的能力不足,房源质量不佳,可售性不强,不能被链家经纪人高效出售。长此以往的结果自然是:链家卖非链家的房子少、非链家卖链家的房子少,链家被“透支”。特别是一些链家直营规模较小的城市,更容易被非链家侵蚀。这大概就是今天的结果,除北京和上海之外的大部分城市,直营链家的规模持续收缩,越来越小,已经被德佑等加盟品牌明显超越。除此之外，在利益分配方面，链家也处于不利的竞争地位。一方面，直营的成本高，利润低，剩余利润也不能在基层门店进行 100％分配，所以会导致同样业绩下直营经纪人收入低于加盟经纪人，直营商圈经理的收入低于加盟店东的收入。在激励不足的情况下，直营品牌的员工士气和信心都会被进一步削弱。

再者，在平台模式下，加盟组织也同样遇到了诸多问题。贝壳开放加盟之后，一方面通过德佑、住商、中环、21 世纪等自营或参股品牌，吸引单店或多店店东进入平台；另一方面也吸引了一批在本地有一定规模的直营和加盟品牌加入贝壳，如富房、优铭家、俊家等。其中自营品牌德佑得到了很好的发展，吸引了 2 万多家加盟店的入驻，在许多城市德佑已经成为当地第一大品牌。尽管如此，德佑也存在不少问题，包括门店经营方差较大，低绩效门店占比较高，店东之间在争夺和保留优秀经纪人方面的成本越来越较高，经营效益下降。不仅德佑，其他加盟品牌同样也面临着挑战，例如品牌主盈利空间有限，在平台模式下，能够分给品牌主的收入占比大约只有 3％。而且品牌主的价值体现较少，在平台逻辑的主导之下，品牌在管理和赋能方面能够发挥的空间十分有限。从结果上看，中小品牌在德佑、21、中环、住商等大品牌的竞争压力下，规模发展受到阻碍，500 人以下的中小品牌占到了总品牌数量的 89％，发展前途并不确定。

那么，在贝壳平台模式之下，未来的组织变革方向又是什么呢？贝壳内的直营和加盟组织又会如何演变呢？目前尚没有统一的答案，我们只能提供一些可能的方向。

第一，加盟品牌的集中度上升，品牌数量将会大幅减少。从数据上看，贝壳内部的大量品牌只能连接少数门店和经纪人，势单力薄，无法形成有效的加盟势能。未来这些中小品牌或将逐步合并成为统一的品牌，在统一的品牌领导下重新聚集新的发展势能。因此，加盟连锁企业的品牌数量预计会大幅度减少，品牌集中度进一步提升。

第二，加盟门店从增量扩张转向存量优化，门店之间的整合也会日益普遍。加盟门店的规模在市场变暖时会扩大，在市场下降时会缩小。经过这一轮周期的调整，许多加盟店已经关闭，有创业意愿的经纪人和店长信心不足，开新店创业的动力和能力都不足，加之开店成本升高，未来很难再出现大规模的开店潮。而现有的存量门店也会不断洗牌，优胜劣汰。在这个趋势下，预计成熟经纪人会在不同的门店之间转移，为了保留优秀的老经纪人，经纪人合伙或许是一种新的组织形态。

第三，品牌走向细分化、差异化、专业化。在平台模式之下，未来的直营品牌为了获得竞争优势，一个潜在的方向是在细分市场、细分客群方面打造出深度的专业化和差异化优势。这种差异化最终也一定来自两个方向：一是人才的差异化，二是服务的差异化。例如，在买方市场条件下，许多房子不好销售，经纪人只会关注那些被平台选出来的聚焦好房，大量的C级房源，由于户型、楼层、朝向、面积等因素不在聚焦范围内，得不到足够的宣传推广力度，因此销售更加困难，业主会更加焦虑，认为经纪人"按房下菜碟"。在这种情况下，一部分品牌或门店就可以为这部分业主提供深度服务。例如，可以推出专门的业主急售服务，针对那些销售困难的房屋，用个性化的服务方案来解决，业主也会支付卖方佣金。

使命至上

从对中介组织的历史和现状的描述中,我们可以发现当下的中介行业已经处于明显的"僵局",似乎没有人满意,也没有人获得真正意义上的成功,直营、加盟、平台都处于不确定、不稳定状态。行业之所以走到今天这个局面,归根结底,是因为大家把几乎所有的力量都用在竞争上,用在规模的比拼上,对消费者和经纪人的关注不够。关于组织问题,大家更多思考的是通过直营、加盟或平台等模式达成结果,关注的是组织形式问题,而对于组织为何存在这样的本质问题几乎没有思考。

简而言之,是因为使命感不够。一个没有使命感的行业是没有前途的,一个没有使命感的企业是不可能长期存在的。我们坚信中介组织的未来演变一定是重新回归使命的过程,回到组织存在的第一因。

一个组织的使命定义了它的目的或存在的原因。使命是公司存在的前提,是对人们生活的积极影响。过去的中介组织不是没有使命,只是组织的目标过多地体现在收入、利润或市场占有率,战略的制定与实施并非真正以使命为导向,而是以商业上的成功、规模上的绝对优势为导向,正是这个导向把全行业带到今天这个地步。在许多组织中,所谓的使命甚至成为一种工具或手段,服务于战略目标的实现,这就是管理学上所说的"使命工具化"。

我们需要知道,组织不是基于收入、利润或市场占有率而存在的,它是基于使命、人和核心价值而存在的。传统管理理论认为组织的目标是实现股东价值最大化或利润最大化,甚至认为企业只有一种社会责任,那就是为股东实现利润最大化。目前这种理念正在受到挑战。首先,利润并没有考虑对社会其他方面的影响,对社会的负面成本也不会反映在财报上,即使这种成本是非常真实而有害的,也不会被计算。其次,对于公司而言非常重要的资产,例如敬业的员工他们往往是公司成功的内在驱动力,但是无法在资产负债表上体现出来。此外,对人进行投资往往是公司决胜未来的关键,但是为了短期利润,企业不仅有可能减少对人的投资,甚至还会通过直接减少员工来提升利润。再者,只关注利润很危险。利润就像病人的体温一样,是其他潜在疾病表现出来的症状,但它并不是疾病本身。如果医生只关注体温,而不是疾病本身,这是很危险的。此外,一味关注利润,会扼杀创新,也会减少对人才和客户的长期投资,而对人才和客户的关注才是可持续成功的基础。最后,股东价值最大化并不会为员工提供激励,它不是员工竭尽全力、起早工作的原因。当然,企业必须赚钱,否则就无法生存,所以利润至关重要,但是利润只是结果,不是终极目标。

中介行业也是如此。过去 20 多年,大部分组织主要关注收入、利润或市场占有率等短期目标,这样无法成长为伟大而美好的组织,反而最终让自己陷入困境。利润或市场占有率是个结果,使命才是起点。例如日本三菱地所,它的使命是为人们的生活增添喜悦。无论是买房,还是居住,往往都是充满焦虑和压力的一件事情,三菱的使命意味着公司要不断提供更好的产品,细心听取客户意见,始终放眼于人们未来的生活,并向客户承诺,提供相伴一生的住宅,走进每一位客户,为他们优质而丰富的生活提供终生服务。这个使命对每一个员工的工作都能产生很大的激励效果,员工深知他们的工作就是对客户的生活方式产生巨大影响,使他们产生持续的喜悦,没有后顾之忧。

　　我们可能明确地感到，中介人的集体焦虑感不是来自收入或利润，而是来自集体意义感的缺失。我们无法准确地描述中介组织的存在是为了什么。如果没有更高层面的使命感，经纪人就会着眼于短期的利益，对于未来的职业发展非常迷茫，老经纪人也越来越短期化；即使推出合伙制等分利机制，经纪人依然不满意。这一切的背后是因为作为一个组织，所有人都没有为一个更大的使命所牵引。

　　作为一家中介公司，我们更需要清楚，公司不是没有灵魂的实体，它是由人组成的组织，经纪人和管理者一起为了一个共同的使命而奋斗。当这种共同的使命与他们个人对意义的探索相结合时，就可以释放出一种魔力，从而带来出色的表现。在这个逻辑下，经纪人位于中心位置，他们围绕使命团结一致，公司根据使命制定战略和策略，利润是战略成功的结果。利润对于完成使命也至关重要，因为有了利润，才有可能对经纪人和客户进行投资，创造更大的价值，并为社区提供支持，回报社会。使命是至高无上的，经纪人处于核心位置。经纪人和他们所做的工作也不应该像经济学和管理学所说的那样，仅仅被视为一种投入。没人想被当作一种被投入的资源，当人们觉得自己被视为人而不是人力资本，并处在一个可以茁壮成长的工作环境时，这才是成就事业的开始。同时，只有当经纪人把客户当成人，而不是行走的钱包时，他们才会为客户提供好的服务。只有真正了解和关注客户需求，以及如何才能最好地帮助客户满足需求，客户才会满意，从而能够创造客户喜欢的品牌、与客户建立强大的情感纽带的品牌，从而提高客户的忠诚度与信任度。

　　这才是中介组织面向未来的商业逻辑。

B 点信念

如果说组织使命回答的是组织为何存在,那么组织战略要回答三个问题:(1)A 点——我是谁? 我从哪里来,我现在哪儿? (2)B 点——我要去向哪里? 那里到底长什么样? (3)A—B——我要怎么去? 一个人去,还是一群人去? 什么时间到? 一周到还是一年到? 坐车去还是坐船去?

关于 A 点,我们已经从市场、需求、人、服务、竞争、管理等各个维度进行了大量论述。现在的行业 A 点看似是一个困局,甚至是个死局。但是回顾历史,我们应该能意识到真正意义上的大变革往往也是从困局开始的。20 多年前,当行业处于吃差价、信息不透明的困境时,有的企业率先提出实价报盘、不吃差价、签三方约的透明交易,从而打破行业困局,开辟一片新天地,证明不吃差价也可以活,而且可以活得更好;10 多年前,当行业处于普遍的假房源时代时,有一批企业开始探索真房源,直至今日真房源已经成为全行业的普遍标准。因此,对于中介组织的战略而言,基本问题就是回答我的 A 点是什么? 我的 A 点很可能是行业 A 点的反面。如果别人都吃差价,我再吃差价,一定没有优势;如果一个领域,人很多,大家都在干一样的事情,既然那么多人干,我干不干又有什么区别? 人多的地方不去,热闹的地方不去,未来的主航道未必是今天的主流,今天的非主流未必不会成为未来的主航道。因此,重新定义 A 点很重要,起点往往决定了终点。对于许多企业而言,定义 A 点的本质是定位,定位的本质是在人少的新天地成为强势品牌。

关于 B 点,它是指组织的愿景和战略目标。愿景是一个长期目标,它描述一个组织会成为什么。对比来看,使命是利他的,讲的是组织的存在为他人,包括客户、员工、行业、社会带来什么积极影响;愿景则是关于自己的,自己要成为什么。愿景是一种理想,一种长期方向;同时愿景也需要量化,变成一个个阶段性目标,既而远景目标和战略目标。从时间维度上对比,使命可以说是千年大计,愿景是百年大计,远景目标是十年之计,战略目标则是五年之计。

如何定义 B 点在很大程度上取决于企业家如何理解成功。在过去 20 多年里,中介行业的创业者对于成功的理解是"大","我要赢"等于我要大,只有变大才能变强,只有变强才能变好,这是逻辑顺序。在这个认知之下,竞争一定是基于规模和市场份额而展开的,你失我得,你得我失,竞争是零和博弈。因此,我们经常会看到,许多企业的战略目标描述都与"大"字有关,例如成为全球最大的创业合伙平台、全国最大的中介平台、成为住的入口等。我们相信未来的顺序一定是反过来的,只有好才能强,只有强才能大。B 点目标描述将与"好"字相关,与价值创造相关,如果没有创造价值,公司再大,结果再好,也不会长期存在。

关于 A—B 的路径,它是愿景和战略目标的不断逼近过程,涉及:组织问题,我要如何组织和建立一个高效团队而不是一个人单枪匹马去战斗;涉及时间问题,以多快的速度、多长的周期达成目标,五年以上的规划是战略计划(高层管理者),五年以下的规划是战术计划(中层管理者)和作业计划(基层管理者);涉及资源投入和优先级问题,具体在哪里竞争、与什么人竞争、如何竞争、投入什么资源竞争等问题;涉及达成方式,自己去,还是团结更多的同业一起去等问题。

关于这三个问题,我们认为有几个基本认知是需要阐明的。

第一,从 B 点拆解回 A 点的能力很重要。0 到 1 不是一步,而是很多步,0 到 0.1、0.1 到 0.2,把事情拆解成相对确定的一小步,用一小步的确定性构成一大步的确定性。换言之,做好一系列小事,才能做大事,经营就是把一件件小事做好,经营成功的密码是把小事一点点做好。

第二,短期与长期的权衡问题。正确的战略之所以正确,往往是因为它在短期会把组织拉向一个反方向,在启动之初,必然会遭遇绝大多数管理者的反对。因为对消费者和经纪人有利的变革往往意味着对管理者的挑战。例如,如果公司决定不吃差价,那么短期必然会面临大的损失和不确定性,许多人会离职,运营管理能力也要重构。对于企业创始人而言,选择一条什么样的路径是非常关键的,有的企业选择容易的路,有的企业选择困难的路。从长期来看,难的路,成功概率更高。长期不只是一个时间问题,更是一个概率问题。长期主义的本质是长期的确定性会更高,向着 B 点收敛的概率更大。

第三,内部与外部的平衡。大部分企业的问题是关注竞争、关注外部太多,对自己的关注反而不够。要想赢,通常有两个办法:一是让自己变强大,二是想办法让对手变弱。若过于关注对手,很容易用第二个办法,毕竟打击或诋毁对手是容易的。然而在这个过程中,慢慢会以为对手弱,也会觉得自己厉害。自己也就失去了归因于内和不断进化的动力。如果反思自己就会发现,当下很多公司的问题几乎都在内部,甚至都是一些非常基础的问题,例如战略、组织、管理、系统化能力等基本功是缺失的。在一定程度上,很多企业都处于“裸奔”状态,可能压根没有注意到自己其实没有穿衣服就跑了,而且跑得很自信。很多企业不是输在外部竞争上,而是输在没有基础品质、没有基础标准、完全没有管理复杂团队和复杂服务流程的能力上。所以,当许多人讨论直营中介还有没有机会的时候,本质是他们并没有认真做直营,更没有认真地做自己。

　　总体上看,关于这三个问题,有人认为 A 点重要,有人认为 B 点重要,也有人认为实现路径最重要。在我们看来,B 点信念才是最重要的。做个好中介,并没有想象的那么容易,在这条路上,只有创始人和核心团队坚定信念,内心非常非常渴望到达 B 点,才能最终到达彼岸。这种必往的信念也一定是从使命生发出来的。

美好组织

　　展望未来,从使命出发,我始终相信中介的组织进化才刚刚开始。新的市场和新的消费者需求,以及新一代服务者的崛起,都意味着新时代的中介组织正在孕育之中。今天我们看到的行业格局未尽是终局,未来的美好组织一定会诞生。在我们心目中,中介行业里可以称得上美好组织的中介公司是信义。这里我们从十个方面解读含义,供未来的行业创新者和变革者参考。到底一家几乎完美的直营中介组织是如何建立和发展起来的?

　　第一,秉持创业的初心,从一而终。企业的初心或立业宗旨,最简单的标准就是旁人会不会因为我们的存在而有感而发地说出:"有你真好!"信义创始人周先生认为最幸福的人与企业是为别人带来幸福,如果一个企业的初心是为别人想、为社会好,往往也是最幸福的。换个角度看,企业经营最难的关卡,不是创业之后的种种艰辛,而是在创业之初、远行之初,我们是否想清楚想追求的价值是什么、实践这份价值对我们来说是重要且幸福的吗、我们又将以什么样的理论来完成这份事业。这就是企业的初心。

古有明训："上医医国、中医医人、下医医病"。最高明的法律人，不是每天都打赢官司，而是可以建立良好的制度，以降低诉讼纷争。周先生在创业之始，他的老师曾建议他"医未病之病"。当时的台湾不动产交易是诉讼纷争最多的领域，于是周先生从此走向了耕耘40多年的房地产中介行业，将其一生致力于保障民众房屋买卖的交易安全，让人们不再为房屋交易而如履薄冰，不再让房屋交易成为官司诉讼的源头。这就是信义的原点，也是信义的初心。

在创业第一天，周先生便清楚地写下信义的立业宗旨："吾等愿藉（借）专业知识、群体力量以服务社会大众，促进房地产交易之安全、迅速与合理，并提供良好环境，使同仁获得就业之安全与成长，而以适当利润维持企业之生存与发展。"这个立业宣言主要讲的是先义后利的精神，先服务社会大众，再帮助员工成长，最后才是企业的生存；而且企业的宗旨不是追求利润最大化，而是适当利润，因为周先生认为，一旦希望将利润最大化，想赚最多的钱，中介就一定会成为短视近利、欺压民众的行业。40多年来，这个立业宗旨是一切的源头，给信义人带来了无穷的力量。

周先生28岁时写下的这个宣言至今读来仍然意味深长。在一定程度上，也正是这个宣言成就了信义，也成就了整个行业。40多年来，信义就像是行业的一粒种子，从萌芽到成长，从小变大，从弱变强，直到变成一棵参天大树；再不断扩散，直至影响整个森林、整个生态。可以说，信义不仅仅是改变了一个行业，更是重新定义了一个行业。高底薪保障经纪人、不赚差价、制作不动产说明书、漏水保固、履约保证等，信义在混沌的秩序中坚持做一股清流，一直是行业规则的创造者与先行者，不断提升行业竞争的门槛，从而推动行业的进步。

第二，坚守经营原则，人才、品质与绩效的顺序不可破。信义把经纪人看作伙伴,不是资产,更不是生产资料。这种意味着什么呢?首先,信义一定会培养新人,坚持用没有行业经验的人,从零培养。其次,对人负责,人对企业有义务,企业对人有责任。在信义的经营理念中,人才居于第一位,只有好的人才,才可能有服务的品质;有好的品质,才可能产生长期的绩效。这一种"善的循环":让消费者享受有品质的服务,消费者就愿意给经纪人更多的机会和具有更高的付费意愿,经纪人也就能得到更多的就业机会、就业保障与就业发展,而企业也可以获得合理的利润,实现可持续增长。这个理论的另外一种表达是:质优、价廉、薪高、利厚。这看似矛盾的八个字,背后的底层认识是一致的:优质的服务对应于优质的人才。为此,信义就要为经纪人提供更高的安全保障,以及完整的教育培训体系,提高经纪人的竞争力,就是提升公司的竞争力,从而才能获得相应的利润。

第三,坚持以人为本的人才策略。在信义之前,台湾中介行业的普遍做法是高提成、低底薪,经纪人的主要收入来自成交之后的高额提成。这种模式带来了诸多问题。如果经纪人连续三个月没有成交,那么在收入与生活上不免面临沉重压力,而这一压力自然迫使经纪人铤而走险,采用各种方式,甚至欺骗客户的方式。为了追求高额提成收入,经纪人也不免视客户为成交的"肥羊"。除此之外,为了追求提成,经纪人同伴之间不免钩心斗角,将客户视为自己的"私有财产",保密防谍,严守信息。在这样的情况下,要谈团队合作实在是异想天开,企业上下很难有向心力,于是最终客户也得不到完整的服务。

为此,周先生不再以高额提成作为诱饵,而是调低个人提成,并增加团队提成,提高个人底薪,采取高底薪、低提成模式。高底薪设计的背后其实是一份尊重人才的心意,而非把经纪人视为赚钱工具,不是找来一批人作为"摇钱树",若摇不出钱,再找一批人。信义想的是如何百年树人,思考企业如何让优秀的人才得以不断精进、成长,成就一生的事业。团队提成的设计则是让经纪人愿意彼此协助,毕竟一个人成交,另一个也能分享获利和荣耀,那么同事之间便不再是敌人,而是真正的自己人,客户也会跟着受益,得到完整的服务。

第四,坚守先义后利的价值观,该做的事说到做到。这也是"信义"两个字的来源——"信"的意思是说到做到,"义"的意思是正当的行为、做该做的事,两者合起来,即是说:该做的事,说到做到。这里的基本原则是先义后利,只有先诚实待人,才能获得别人的依赖,这是生意的根本。周先生认为"先义后利"这四个字是信义 1981 年成立以来事业成功的心法。先义后利有两层含义:其一是义和利是权衡关系,着眼于长远利益,可以暂时牺牲短期利益,舍短求长;其二是取舍关系。为了正义之事,既可能与眼前的利益冲突,又不必然带来长期利益,这是最大的挑战,尤其是在面对各种诱惑时,信义人所呈现出来的选择更能体现先义后利的本色。赞助过的小区超过 2 000 个,数年来投入 4 亿多元新台币参与社区改造与翻新。2012 年周先生个人为台湾政治大学商学院捐款高达 6 亿元新台币,推动台湾企业伦理教育。

第五,交易服务的本质是信任的经营。以买卖交易来说,一个案子没有成交,有时并不代表彼此不信任,反而很可能代表来日方长,双方可以做一辈子的生意;而若是勉强成交,心中很可能也会带着疑虑,终至后会无期。有时候,比起出售房子,更重要的事情是客户的信任。买方与卖方之间并无交集,连接起来的,就是信任。信义 40 多年来许多领先行业的重要创新,其出发点就是为了创建信任。例如,周先生创业的第一步即是明文规定,并强力监督员工绝不能赚取差价,打破行业由来已久的利用信息差赚取差价的潜规则，从一点一滴重建行业的信任。信义当年推出这样的规定，很多经纪人选择离开，他们觉得别人都这样啊，不吃差价怎么赚钱呢？但是周先生认为也许短期靠欺骗靠价差，是能赚到不义之财，但纸包不住火，终有被人发现的一天，加上坏事传千里，一旦信用破产，哪里会是企业长期的经营之道？人性是"一朝被蛇咬，十年怕井绳"，因而信任不仅极其珍贵，且需要用心呵护。对于信义来说，不仅要做到对买卖双方诚实，也努力让卖方对买方诚实，更好保障买卖双方，创造多赢交易。这是当年信义花费新台币 5 000 元的成本制作不动产说明书的出发点。5 000元新台币在当时不仅是一笔巨大的成本，也要花费一周的调查时间，不仅会让卖方不满，也会错失交易机会。那个时候，房价一年涨过一年，许多人甚至把房子当作股票来炒，虽然担心会买贵，但更怕买不到，错失明天的涨价利润。人人都想抢房子，自然也就形成对买方不利的局面。对于房主而言，根本无须花时间与精力交代自己的屋况，因为房子十分抢手，通常很快就能卖掉；更何况一旦诚实坦言屋况，说不定还会被买方借机杀价。周先生认为人们花几千元买电视、冰箱都会有精美的说明书，但是花费数百万，甚至上千万积蓄购买的房子，却连一张说明书都没有。房子的一切信息只听信卖方或中介所言，而这也往往成为不动产纠纷最大的来源。因此，周先生到日本取经，参访三井、三菱、东急、住友等企业，回来后推出不动产说明书。虽然改变非常艰难，经纪人和业主都可能抵触，但是改变终会一点一滴发生，不动产说明书也搭起了买卖双方之间的信任桥梁。有趣的是，信义于 1989 年推出的不动产说明书，起初只有少数同业跟进，到了 1999 年，政府为了避免与日俱增的买卖纠纷，明文规定所有不动产交易都必须提供不动产说明书，不动产说明书而成为一种行业基本规范。然而，这十年的时间差，信义也领先行业 10 年建立了信任的口碑。在推出"不赚差价""不动产说明书"等创新之后,信义在创新之路上不断深入,例如"凶宅原价回购""漏水、海砂屋等保障"。2019 年信义推出"虫蛀保固",这种通常在装修、拆掉之际才会发现的白蚁等虫蛀问题,信义也都提供保固承诺。所有这些服务保障,对企业短期经营或许是个负担,然而,相对于个人,企业之力毕竟更大,远比个人、单一家庭更有能力来面对这些冲击。这也正是信义存在的理由。从客户的角度来看,哪怕遇上一次意外,在这个过程中建立的信任往往也是不可替代的。然而,总的来说,信任的建立是长期的过程,先问怎么付出,再问收获。哪怕是对消费完全有利的事情,例如信义的社区服务(亲子活动、邻里活动等),居民一开始仍会担心这一切都是为了销售,人们对于这样不求回报的善意起初都是防备心态。因此,所有服务都需要一段时间等待居民放下提防,也需要一段时间验证,慢慢落地生根,才能开花结果。

第六,用心经营,才能创造感动服务。在买卖房屋时,肉眼看不见的、金钱数字以外的,如人与人之间的情感,以及家里的光阴故事,往往才是决定成交与否的关键。而唯有以人为本,以心待人,方能看见这一切。信义从成立的那一天起,就深知自己卖的不只是房子,是家,是信任,是人与人之间的情感。每一次交易,看到的不是简单的生意,而是人生的请托。很多情感不一定能用言语或文字表达,很多事情也往往不如表象简单,而是必须用心去体察,才能发现真正重要的事,特别是体察客户没有说出口的需求。这就是信义服务的"'心'标准",用心看见是第一步,而愿意对标准流程之外的事也甘心傻傻付出,才是信义获得客户信任的关键。每次买卖交易完成后,信义都会致电询问买卖双方,除了关心后续的状况,更在意客户是否满意信义的服务,评分标准从最低一分到最高五分,现在信义把四分定义为"隐形申诉"。

什么是真正的服务品质？怎么才能保证好的服务体验？按照周先生的话，服务品质不是你做了什么，而是客户感受到了什么，服务之所以令人感动，是因为服务用心。周先生认为作为成交金额最大、成交频率最低的房屋交易，经纪人应该战战兢兢地珍视每一次与客户的接触，提供超越想象的、更广义的、感动的服务，这种服务是主动的、友善的，是不以成交为服务周期的，是持续不间断的过程。感动一定来自标准之外，能够带来感动的元素是服务理念，是企业文化，或者说是对"信义"这两个字的极致追求。

第七，服务是人的事业，管理不是管人，而是引导和激发。特别是以人服务人的行业，不可能事事细节规范，最好的策略就是把价值观深植于大家心中。因此，信义在策略上，非常强调用心找到理念相近的伙伴，从一开始就要招没有同业经验的新人和大学生，从一张白纸开始，慢慢教起，再通过这些人才不断深化和传递信义的理念。人与人之间其实是相互影响、相互改变的，如果进来的都是良善、诚实的人，整个组织就会向正面方向发展。为了选对人，信义推出"5＋5"人才方案：新人在录取之后第一个月不仅享有5万元新台币底薪，如果新人在入职满30天时，发现自己与信义的理念不相同，最终想选择离开，信义还会提供5万元新台币的转职金。这也是把选择的主动权交给经纪人。每个人都有不同，有的新人可能第一个月就能开单，但有的人需要更多时间才能开花结果，为了不错过"大器晚成"的员工，信义也提供所有新人前六个月5万元新台币的保障底薪，从而让新人以合适的速度前进，逐渐成为理念相契、适才适所的信义人。

在管理上，信义非常重视早会与晚会，原因是经纪人在外工作难免有挫折、情绪低落之时，因此傍晚下班时，店长都会召集经纪人，一来分享工作资讯，二来更是整理经纪人的心情与思绪，让大家记住初心，甚至因为挫折而强大。由于人的情绪难免反复，或许睡了一晚之后，情绪又会回到先前的低落，因而信义非常重视日常的早会，宁愿每天花时间确保、整理好经纪人的状态，再进行一天的工作，避免让经纪人陷入心情混乱、六神无主的挫折中。据统计，信义房屋的店长，一年要参加四五百场会议。

第八，团队内部强调先合作，再分工。这里的核心是顺序问题。先分工后合作，还是先合作后分工，区别在于在职能上是否先有分工，每个人的职责是否明确，按照不同的工作范围划分，然后再进行合作。这种做法的好处是标准化，可以大规模地调度；问题是过于僵化，缺少人情味，每个人的积极性和主动性难以充分发挥。而如果先形成合作的共识，每个人自发地参与合作、主动补位，随时随地根据不同的需求情况自动合作，那么每个人的效能和工作热情就能更好地发挥。总体上，这是一种自下而上的、以经纪人自发行为为中心的合作机制，它需要以组织与文化作为依托。好的地方使经纪人个体热情得到发挥，团队气氛比较好，大家乐于工作；不好的地方则难以规模化复制。也正是这种理念，信义的薪酬设计是高固定底薪加 12% 比例的奖金，且其中 4% 为团队奖金，不管是谁开发的客户，只要成交，每一个人都可以分享业绩，经纪人之间自然就少一点恶性竞争，从而有可能自动合作、主动补位。此外，这种薪酬机制也更容易让经纪人以长期作为考量，从而避免短期的急功近利行为。也正是在这个大背景下，老人才愿意培养新人，经验才能得到传承，生生不息。

第九，坚持正向思考。周先生曾在信义内部问大家：信义房屋以人为本、先义后利、正向思考这三大理念之中，虽然三者缺一不可，但哪一项最为重要？或许是因为中介行业是服务人的行业，几乎所有人都认为以人为本最重要。但是周先生摇头，于是大家又以为先义后利最重要，毕竟这是信义立业的根本，也是消费者信任的源头。但是周先生却告诉大家，最重要的是正向思考,因为所有的信念,如果没有办法实践,不过是纸上谈兵。若能正向思考,面对困难时,就会千方百计;但如果没有正向思考,即便只是小小困难,也会像千难万难、泰山压顶。正是因为正向思考,信义度过了1990年和2008年的两次市场大幅度调整。每当市场调整时,同业军心溃散,但信义却能凝聚人心,高管每周四天、五天,每天早晨七点半到公司开会,用最好的准备以面对最大的挑战。全公司上下齐心解决问题,所以他们反倒没有时间感受心情上的低落。2001年市场调整时,公司高管经常下店"劳军"送上点心、饮料,为一线经纪人提振信心,点燃上下一心、浴火重生的斗志。信义那一年的业绩不仅没有下降,还取得创业以来最好的成绩。2007年金融危机时,类似的故事上演,只要有分店达到标准,高管就会敲锣打鼓,带着一整车结满彩带的礼物,前去祝贺。其他分店见状,也被激发斗志,于是众志成城,不畏挑战,也让一切逆境反而像是突破自我的催化剂。当然,受激励的军心、团结的士气与先前积累的服务口碑与基本功分不开。信义房屋董事长薛健平先生回顾1990年市场崩盘的调整时,他说也许整体市场变小,但愿意找信义房屋的客户很可能变多,这是因为信义的服务与保障已经领先同业很多,而当景气进入寒冬时,客户更加认真挑选服务者,于是自然会选择信义。

对于同业之间的竞争来说,正向思考也是信义看待竞争、穿越周期的一条核心价值观。市场景气阶段的企业经营原则,不要只关注短期利益,而应该投资于基础建设与服务品质;当市场转向衰退时,则应该踩油门,加速前进,拉开与竞争对手的距离。信义认为景气转换是企业竞争的决胜关键时期。市场环境好时,所有人都在直线赛道上奔跑,次序分明,很难超越,即使超越,差距也很难拉开。然而,在景气转换,市场转弯时,则是企业"体质"发挥作用的时候。因此,信义一直的主张是"弯道加速",在环境不好时,反而努力适应,积极作为,把握时机,一举超越。

事实上,如果我们总结中原在香港、链家在北京的发展历史,同样也会发现,弯道加速的原则具有内在的合理性,原因有三。一是市场好时,蛋糕是 100%,竞争者也是 100%;当市场不好时,蛋糕可能下降为 70%,但同时期因为有 40% 的企业退出,竞争者变成了 60%。实际上,竞争变少了,而不是变多了。二是市场不好时,消费者的选择更加理性、更加谨慎而有所取舍,市场的机会不再是均匀分布,而是偏峰分布,那些能够提供品质服务的企业将获得更多的机会,这也是逆周期超越式发展的重要原因。三是市场转向不景气时,绝大部分企业与经纪人的选择是等待,认为冬天总会过去,春天一定会到来,被动地什么事情都不做。此时,甚至不用更加努力,只需像往常一样专注于工作,就能赢得机会。

第十,从零和到双赢,改善行业生态。信义认为同业之间的竞争,不应该以打倒同业为目的,这只是零和游戏。竞争不应该只是围绕存量的资源,而是要有效开发新的资源,力求把蛋糕做大。为此要展开上限竞争,努力实现自我升级与迭代,引领品质的标杆,改变行业的整体素质与口碑,创造用户的增量价值。因此,竞争应立足于长期能力的建立,把资源投到更底层的能力建设上,主要是基础设施和服务品质。也就是说,基于品质的竞争对行业的冲击是中性的,而基于规模的竞争对行业的冲击是负面的,有赢就有输,企业间容易剑拔弩张。

我们从十个方面总结梳理了信义,且始终认为信义是中介行业的一面旗帜,它的存在让我们知道未来的中介组织就在那里,美好的组织就在那里。

7

文化的转变

请保持你心中的信仰，
因为你不知道，谁会借着你的信仰，
走出了迷茫。

————泰戈尔

没有现代组织，也就没有管理。反之，没有管理，也没有现代组织。然而，没有文化，组织会变成一盘散沙，管理也就失去了根基。

中介公司历来重视文化。文化的价值主要有三点：一是作为一种工具，强调业务需要。中介行业竞争激烈，市场波动大，从业人员承受较大的业务压力。为了缓解压力，振奋团队士气，需要经常进行思想文化教育，给团队注入精神力量。二是作为一种补充。中介行业缺乏明确的道德规范和作业规范，经纪人与经纪人之间、同业之间、经纪人与消费者之间的关系往往没有法律上的正式界定，大多处于模糊地带。因此，通过文化建设能够在一定程度上明确是非标准，哪些事情可以做、哪些不可以做，以及做事的原则是什么。三是组织规模增长的需要。中介组织人员流动性大，规模持续扩张的最大障碍来自内部的熵增，文化一致性和文化纯粹性显得非常重要。

由此可以看出，过往的中介文化更多强调文化的功用性，视文化为竞争手段，甚至被工具化、庸俗化、鸡汤化，而忽视文化的本质属性，无法建立真正的文化，更无法有效落地，成为挂在墙上的口号。

三派源流

从人类学家的视角看，文化是一群人通过习得，对其所作所为和每件事物的意义共有的认识。从这个定义可以看出，文化是习得的，这里的习得是指通过实践才能够获得的意思。这种习得的文化要成为所有人的共识才能称为文化，也只有这样，文化才可以指导行为，成为一群人共同的行为导向，这样才真正达到了文化建设的目的。

从组织和管理学的视角看，公认和权威的组织文化定义来自麻省理工学院的埃德加·沙因教授，他认为组织文化由一套假定、共同的信念和一致的行为组成。这个定义包含三个层次：一是一套共享的基本假定；二是由特定群体在处理内外问题的过程中学习形成的共同信念；三是这套信念在引导人们的一致行为方面具有良好的效果，而广泛获得认可并被传递给新成员，作为感知和思考内外问题时的正确方式。从沙因的定义出发，评价文化好坏有两个基本维度，即外部的环境适应性，对于外部变化能否形成有序和有效的应对；以及内部整合组织的效果，是否能够降低组织成本，释放组织的效率。这两点决定了好的文化也一定是有竞争力的文化，文化是竞争中的软实力。

从文化的定义出发，回顾过去20多年中介行业的文化建设与实践过程，我们可以把中介文化的源流分为三派（见图7.1），我国大陆中介行业发展深受它们的影响，并在它们的基础上不断生发出自身特色。

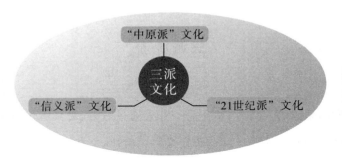

图 7.1　三派文化

　　第一种是"中原派"文化，它主要来源于我国香港中原地产。我国香港中介行业的起步与发展比内地早了 20 多年，香港中原作为规模最大的龙头企业在 20 世纪 90 年代初率先进入内地，并在此后的 20 年一直占据内地中介行业的领先地位。可以确定地说，以中原为代表的企业文化对内地中介的影响最大，也最为深远。这种文化的基本假定是无为而治、道法自然。中原模式效法自然界生物的有机生长模式，把公司视作一个生命体，具有内在的求生意志。凭借这种意志，员工和管理者会主动自发寻找一种可以持续生存的模式。这种模式的基本逻辑就是员工能够从环境中吸取养料，组合成自己的机体，并不断演化，减少自己的消耗，增加自己的产出与能量，证明自己比别人更优秀，从而获得大量复制自己的机会，扩散开去，最终占领更多的空间。

　　在这套假设之下，中原模式强调"诸侯制"，即"地盘"概念，如果这个地盘是由一个管理者或团队开拓出来的，就要无条件承认他们的功劳，保障他们的利益。只有大家都相信这块根据地的产权是私有的，才能激励其进行长期的部署和投入。好像把一块田地租出去，如果只租 3 个月，承租人可能只种一些瓜菜，不会去种果树，因为果树要几年后才有收成。中原的"诸侯制"给了大家信心和保障。在应对外部环境变化方面,中原模式强调无为而治,总部不会制定统一的政策,团队根据前线实际情况灵活应对。在管理上,中原强调对前线干部的充分授权,以使他们发挥潜能应对挑战。

由此可以看出,中原文化基因上长出来的模式一定是自发、自觉、自为的,总部要克制自己的欲望,不能成为组织的制约。这套理念在历史上曾经爆发出非常强的力量,也使得中原在 20 年里都是内地中介的领导者。然而,在这套文化理念之下,应对市场和竞争变化的中高管培养体系、业务流程体系和服务体系都无法建立起来。这也是中原不断缩小的根本原因。于今回顾,无为不是无所作为,不是无所管理。现代组织只有发挥管理的力量,才能长期生长、不断进化。如果缺少管理和协调,无为而治就会演变成单兵作战、诸侯自立、成交为王、短期导向、固守利益、肥上瘦下、放弃创新。

第二种是"信义派"文化,它主要来源于我国台湾信义。我国台湾的中介行业发展也很早,信义在 20 世纪 90 年代初已经成为行业的领导者,并持续引领中介行业进步,随后进入大陆,链家、好旺角、麦田、丽兹行等大陆非常优秀的一批企业都受到了信义的深刻影响。

信义房屋的董事长周俊吉先生出身世家,在早年的求学和工作过程中饱受挫折,尤其是周先生在中介行业的就业遭遇,使他立志要创办一家理想的中介企业。周先生在 1981 年创业之初,就写下七十字立业宗旨,40 多年来,信义的文化理念归结为八个字就是"信义立业、止于至善"。应做之事为义,说到做到为信,唯有做到有信有义才能立业。企业目标不仅是永续经营,更要止于至善,不断地追寻与成长。经营上,只有做到有信有义,才能从根本上降低交易成本,提升效率与竞争力。

　　立足于"信义"二字,信义在实践中生长出来的文化理念是以人为本、先义后利和正向思考。在企业经营发展中,坚守理想,不妥协。周先生当初决心创业,由心出发,立志要改变行业陋习,做一家对顾客、员工和社会都有贡献的企业。理想很丰满,现实很残酷。周先生在创业早期采取了很多与同行完全不同的做法,对经纪人和客户投入很多,早期的事业开展并不顺利,创业第三年甚至要抵押家人的资产才能度过资金危机。但周先生坚持正向思考,坚持到了第七年,公司只有两家门店,这也体现了"慢即是快",前期的慢为后期的发展积累了足够的经验和势能。慢的过程中,一定需要创始人有强大的心理素质和一定的资金实力。所有正确的事情,往往开始的时候都很难,很多创业者也容易低估创业初期的艰难,文化发展和积累缺乏厚度,对困难缺乏理解,也很容易采取一些急功近利的短期手段,从而无法走远。

　　从过去40多年来的实践看,信义建立了从基本假设、共同信念到一致行为的文化正循环。以人为本和先义后利都是创业开始时的基本假设,需要在实践中验证这些基本假设是对的,公司发展才能进入正循环,也就是说顾客和员工要相信并选择这些假设。具体来看,信义房屋在创业之初,投入大量资金制作不动产说明书,让业主和客户感受到专业和用心;同时在经纪人薪酬上采取高底薪、低提成和团奖制度,让经纪人安心做好服务,在内部充分合作。然而,服务的改进和经纪人薪酬绩效制度的改革并不会马上见效,需要一段时间才能见到效果,市场对优质服务的接受往往不会一蹴而就,通常会有一个从认识到认可再到接受的过程,这个过程往往需要半年或一年时间,对于那些追求短期利益的公司而言,这是艰难抉择。然而,这些不是全部的考验,更大的考验是当市场剧烈震荡的时候,能否坚持信念。1990年股市崩盘,市场受到了冲击,同业军心涣散,信义房屋坚持不裁员、不降薪,凝聚人心,顽强拼搏,当年的业绩增长了 50%。类似的市场大波动信义至少经历了三四次,每一次都凭借着以人为本、先义后利和正向思考等三大文化理念转危为安,市场地位稳固上升。回首来看,正是这些高水平的实践,让信义的文化从一开始的假设,逐步成为大多数员工忠诚的信念,进而转化为日常工作中更加自信、自动、自发的行为,文化正循环与经营正循环双向反馈。

第三种是"21 世纪派"文化,它主要来源于美国 21 世纪等加盟品牌,其文化的特点非常突出。一是强调每个人要通过自己的努力来实现梦想。美国经纪人有着强烈的个人色彩,追求个人成功。二是强调规则和规范之下的合作共赢。基于房源共享网络,美国经纪人的合作意识更强,合作不仅是一种经营策略,也是一种职业伦理和职业操守。在这样的环境中,每个人都可以公平地开展业务,竞争和合作的规则透明而严谨,每个经纪人都可以公平施展自己的才华,个人可以打造属于自己的品牌,也可以大张旗鼓地宣传个人品牌。

可以说,"21 世纪派"文化的基本假设是相信每个人都能够管理好自己,管理者的主要工作是激发员工的潜能,以提升员工的技能为主,公司在细节和过程管理上的关注度不高。

于今回顾,得益于三派文化在我国大陆的传播与沉淀,大陆中介行业深受影响,也取得了不少进步。20 年多前,中介行业起步时,不仅谈不上文化,甚至也缺少基本的底线和操守,还存在着许多侵害消费者利益的行为,例如赚取差价、挪用客户购房款、发布虚假信息、打骚扰电话、投诉不能合理解决等。在内部关系方面,企业与员工没有签署正式的劳动合同、不给员工缴纳五险一金、培训少、延长工作时间、乱罚款、体罚等现象也广泛存在。员工之间互相隐瞒信息、不配合、不合作等问题十分突出。从社会层面看,中介公司到处张贴小广告、占道摆广告牌、偷税漏税等行为也严重影响了行业的形象。

随着三派文化的输入和传播,我国大陆中介行业经过 20 多年的努力,在许多方面已经形成基本的行业共识和共同信念。例如,在客户层面,不吃差价、真房源等已经成为行业基本标准,资金监管逐渐成为交易惯例,中介公司或经纪人挪用客户房款的行为几乎消失,客户投诉等大多数都能够得到妥善的处理,依靠专业和服务赢得客户信任的理念逐步深化。在员工管理方面,随着企业管理的日益规范,企业和员工的劳动合同签署率、社保缴纳率等有一定程度的提高,打骂体罚员工的行为已经杜绝,关爱员工、尊重员工等文化理念逐渐深入人心。在社会层面,中介公司能够响应政府号召,积极为社区做出贡献,尤其是在新冠肺炎疫情防控期间,许多经纪人成为志愿者,为社区防疫工作等做出了很大的贡献。

总体来说,中介行业在文化建设与发展方面已经取得了一些成绩。

X 文化

目前为止,中介行业主导性的文化属性是 X 文化。每个管理决策和管理行为的背后,都有一种人性和人性行为的假设,X 文化或 X 理论由美国著名心理学家道格拉斯·麦格雷戈提出,它的基本假设有三条[①](见图 7.2)。

---

① 麦格雷戈.企业的人性面[M].韩卉,译.杭州:浙江人民出版社,2017:55.

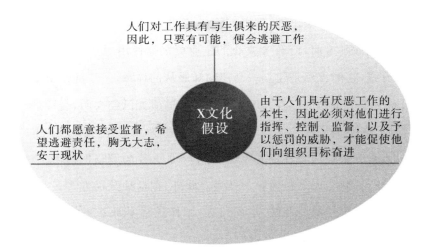

图7.2　X文化的三条基本假设

这种文化广泛影响了企业的运营与管理。中介公司虽然从未宣称自己奉行 X 文化，但实际上的做法却与 X 文化所导向的管理方式如出一辙，甚至有过之而无不及，有时候还会为它披上一层外衣，使之表面看起来光彩照人，但内核却是不变的。例如，所谓的刚性管理在中介行业十分普遍，要求经纪人每天"七必做""十必做"等，每周必须完成几组带看，每月必须完成几个成交等，这些管理措施的背后假设都是 X 文化，把经纪人这个职业变成了青春饭和苦力活。在行业发展早期，个体经纪人的教育水平偏低，信用体系缺失，行业规范和职业道德规范不健全，严格管理和严格控制能够减少不规范行为的发生，对赢得客户信任有促进作用。但是随着高学历经纪人和中老年经纪人的加入以及个人信用体系的完善、行业规范和职业道德的完备，这种刚性的文化假设就会与行业和社会的进步方向相违背。从现实来看，这种文化所造成的负面影响已经非常严重,经纪人的许多行为,例如数据造假、假带看等都是由于这种不当的管理方式带来的,甚至出现"哪里有管理,哪里有造假"的现象。

在员工激励方面,信奉 X 文化的企业更多会使用胡萝卜加大棒的金钱激励方式,它的目标是建立一套控制和服从的体系,关注的是员工是否服从,而不是员工的工作投入度。心理学家的研究已经表明,金钱是一种外在激励,它不会从根本上驱动或改变人的行为或工作方式。工作的动力和投入程度来自内心燃烧的火焰,胡萝卜加大棒的策略把人当驴对待,那么人的行为就会表现得像驴一样慢。此外,在这种激励方式下,工作成功的唯一标志就是取得业绩,达到目标,工作过程本身并不创造意义感,久而久之,员工的工作热情就会完全消退。

不仅如此,X 文化也体现在集体至上的价值取向上。所谓集体奋斗、集体制胜的道路,本质上对人的要求就是降低或放下个体能动性,强调先让集体好,再让个体好,用人为构建的集体秩序取代个人的自发秩序。在集体行动的逻辑下,管理者对员工的要求就是服从、敬畏、不博弈,先执行再理解。于是管理者慢慢就变成了高高在上的权威,不容挑战,组织也就失去了活力,员工也失去了热情。

刚性管理之下,一些良好的文化也会失去它的本意。例如拼搏进取,这是大部分中介公司都很强调的一种文化,它的本意是希望大家不满足于短期的成绩,不断追求进步;但实践中却变成不断延长工作时间、对员工严格管控、严格问责,实施严格的绩效管理,导致基层管理人员和经纪人苦不堪言。

Y 文化

与之相反,道格拉斯·麦格雷戈还提出了一种假设[①],即 Y 理论或 Y 文化,它的假设如图 7.3 所示。

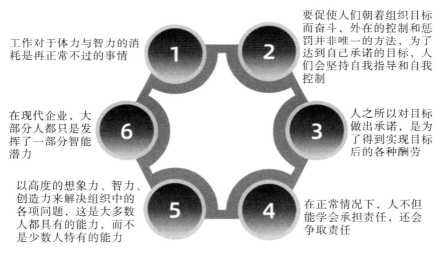

工作对于体力与智力的消耗是再正常不过的事情

要促使人们朝着组织目标而奋斗,外在的控制和惩罚并非唯一的方法,为了达到自己承诺的目标,人们会坚持自我指导和自我控制

在现代企业,大部分人都只是发挥了一部分智能潜力

人之所以对目标做出承诺,是为了得到实现目标后的各种酬劳

以高度的想象力、智力、创造力来解决组织中的各项问题,这是大多数人都具有的能力,而不是少数人特有的能力

在正常情况下,人不但能学会承担责任,还会争取责任

图 7.3　Y 文化的基本假设

这些假设对管理策略具有完全不同的含义。它认为人具有成长和发展的可能,同时强调选择性适应的重要性,而反对单纯依靠固有的控制方法。这些假设不只是关注员工的既有表现,更关注员工切实具有的潜在资源。更重要的是,Y 文化把问题归结于管理本身:如果员工表现懒散,态度冷漠,逃避责任,那一定是因为管理者没有采取适当的组织与管理方

①　麦格雷戈.企业的人性面[M].韩卉,译.杭州:浙江人民出版社,2017:68.

法。相反,X文化把绩效低下的原因归结于人的本性,管理者就是监工。很显然,Y文化认为绩效低下,或者组织中人与人之间的协作出现问题,不是人的本性所致,而是管理者没有充分利用人力资源的缘故。那么如何才能激发人的潜力呢？Y文化认为控制和惩罚不是唯一手段,满足员工对尊重、归属感、自我实现等激励需求,可以使个人目标与组织目标达成一致,产生更高效率。而如果一味强调控制,剥夺人的高级需要,就会导致消极的、敌对的态度,并拒绝承担责任。

类似地,德鲁克曾经一针见血地指出人的逻辑与工作自身的逻辑完全不同。所有资源中,只有人力资源能够成长与发展,唯有自由人通过方向清晰、焦点明确、团结一致的努力才能造成一个真正的整体。人不是物,其他资源服从力学定律,只有人力资源可以突破力学定律,使其输出大于输入,因为人的智能潜力是无限的。当我们谈及成长与发展时,实际上意味着人们的贡献由自己决定,管理者的职能就是充分激发人的潜力,帮助员工成长。

行为管理学家也已经指出,人们的生产动机决定了生产率。生产率提升的根本途径是提高员工满意度,即工人的需要得到满足的程度,金钱只是一部分,更多的是情感、安全感、归属感等。工人并不是把金钱当作唯一动力的"经济人",而是在物质之外还有社会和心理因素的"社会人"。因此,领导者要在员工的物质需求与非物质需求之间保持平衡,从社会和心理方面来激励员工以提升生产率,使工作更加符合人的基本属性。[①]

---

① 详见梅奥的著作《工业文明的人类问题》《工业文明的社会问题》。梅奥认为除了正式组织,企业中还存在一种非正式组织,它是员工因为抱有共同的社会感情而形成的非正式团体,有自然形成的行为规范或惯例,其成员必须服从,并强调它与正式组织相互依存,对生产率的提升有很高的影响。

在现代社会,员工大部分的时间不是与家庭一起度过,而是与同事在一起。换言之,员工将在组织中度过大半人生,大多数成年人把睡眠之外的大部分时间都用于组织中的活动。因此,人在组织中的角色和归属感是非常重要的,人与组织中其他人的关系是否稳定和可预期是决定生产率的关键。

具体到一个中介组织,哪怕在门店这个基础组织单元里,既存在许多正式的组织关系,例如制度和规则等,也存在非常多的非正式合作,例如师徒关系、作战小组、分边协作、处理内部纠纷的委员会等。这些非正式关系所决定的门店氛围在一定程度上决定了经纪人的生产率和门店的利润率。

视人为人

尽管 X 文化在实践中产生诸多问题,但是 X 文化与科学管理的结合使得大部分行业的生产率得到了很大的提升。无论是 50 年前西方经历的快速工业化进程,还是过去 40 多年来中国经历的改革开放进程,都为 X 文化的盛行创造了背景条件。至今为止,大部分中国企业都十分强调集体主义奋斗的红利。

X 文化之所以会在中介公司,尤其是直营连锁组织里广泛流行,也有非常明确的时代特征。过去 20 多年,房屋交易的核心是比拼速度,谁能快人一步拿到最多、最稀缺的房源,也就能建立竞争优势。为此,许多优秀的公司在实践中建立了一套房源的大规模、批量化生产与加工体系,经纪人的工作被拆分为录入、拍照片或 VR 拍摄、钥匙、维护等多个角色。

在每一单交易中,一个人只负责一个或几个角色,从而实现了服务的分工和专业化。一定程度上,科学管理、组织能力和 X 文化都在为这套体系的高速运转提供支撑。一旦服务被拆分成一个个独立的角色或工序,经纪人就变成了服务的工具,而不再是主观能动的、完整的人,经纪人做什么、不做什么、怎么做都是事先界定的,不需要经纪人发挥潜能和智力,按照标准流程作业即可。最近几年,技术和线上化的快速渗透加剧了服务工业化的进展,分工进一步细致化,角色更多,工作更细,经纪人越发失去工作的意义,找不到归属感。在这个情况下,经纪人与管理者之间更容易出现冲突,一旦出现冲突,惯性的做法是强化管理,要求更多,任务更细,灵活性更少,并为此研发出更多的智能化和数据化管理工具,经纪人被进一步"困"在系统中。客观评估,在市场红利巨大、交易速度极快、企业规模化成长的特定历史阶段,这样的做法可以让企业获得显著的竞争优势。于是,X 文化就会自然而然地成为规模化扩张的配套工程,文化也被工具化。

随着市场红利的退潮、交易周期的变慢以及买卖双方对经纪人服务需求的日益上升,X 文化的负面效果越来越突出。未来的中介服务中,一定更多强调人与人之间的现场互动,因而需要经纪人发挥更多的积极性和主动性。管理不再是简单地盯指标、下任务、要结果,而是要激发和释放经纪人的潜能,并给予一定的灵活性和自由化,把人从工具中、从系统中彻底解放出来。在这个大趋势下,中介文化也将从 X 文化逐步转向 Y文化,走向真正的人本主义。

此外,人的成长是从婴儿一个人在发展过程中也有一个从不成熟到成熟的过程,这个过程是从被动到主动、从依赖到独立、从缺少自觉到自觉和自制,体现着自我实现的程度。为了让这个过程更加顺利,管理者需要采取更多参与式的、以员工为中心的管理方式,使员工主动承担责任,更多依赖自我指挥和自我控制。一个刚刚毕业的大学生选择进入一家中介公司,这不仅仅是一个工作过程,更是一个与同事、管理者建立协调关系的过程,也是一个与客户建立价值关系的过程。在这个过程中,他会遇到许多挑战,才会逐步走向成熟。管理者的最大价值就是使他的工作富有成效,同时让他不断走向成熟。

总的来看,面向未来,我们需要彻底改变对于人的认知,经纪人不是工具,不是简单的财务成本,更不是可以随意采购或放弃的生产资料,面向未来的人才观就是四个字:视人为人。

在行业发展初期,大部分公司的资金实力都很有限,面对经营压力又很大,在看待经纪人的态度上,一方面是抱着"穷人的孩子早当家"的心态对待新人,希望经纪人能够早一点有产出,早一点自力更生,早一点为公司创造业绩和利润。另一方面,经纪人每月都会产生成本,公司的管理相对刚性,希望在严格管理之下能够激发经纪人的潜能,管理者要求经纪人不能松懈,要持续贡献业绩。

在这种经营假设下,往往容易拔苗助长,经纪人在尚未具备独立作业能力之前,就已经仓促上阵,新兵扛枪。这样做的结果就是:一方面,客户会感觉经纪人专业能力不足,对服务不认可;另一方面,经纪人自身也会感到受挫,服务不受尊重,付出得不到回报。除了少部分天赋突出、正向乐观的经纪人能够度过这段艰难时期,大部分经纪人都会因为过早走上战场而"阵亡"。

在农业社会,农家为了让孩子成为劳动力帮助家庭分担生活压力,会很早地让孩子从事艰苦的农业生产,一代代人始终在农田辛苦劳作,除了解决基本的温饱问题,家中很难再有剩余。现代社会里,家庭通常会尽可能让孩子接受完整的高等教育才让他们步入社会,国家也会强制要求学生完成九年制义务教育。这些社会理念和制度的改变,提升了国民整体素质,让他们在工作中体现更多价值,过上更加有尊严的生活。

同样,如果我们还抱着之前的态度对待经纪人,这说明企业的经营理念还停留在农业社会,距离现代社会还有非常大的差距。这种传统方式只会是低效的、原始的,并且在时代进步的大环境下,这种方式更容易激化劳资双方的矛盾,让经营发展变得不可持续。

从各行各业的情况来看,许多现代公司在对待员工的态度上,已经有了根本的变化。管理大师德鲁克认为企业是社会的器官,企业要承担更大的社会责任。企业的存在不只是为了获得利润,企业的第二使命就是促使员工具有生产力,让员工获得成就感。企业唯一真正的资源,就是人,但是人不像任何其他资源,人具有人格和身份,人会追求工作的掌控权、良好的社区和社会关系以及工作成果的认可度。

在一定程度上,企业存在的第一目标是为客户提供价值,第二目标就是投资员工。通过培训和教育为员工提供支持,帮助他们为适应快速变化的世界而发展新技能,这些都是企业非常重要的任务。

因此,公司要转变过去视经纪人为工具或资源的观念,要视经纪人为经营伙伴,视人为人,以更加负责任的态度对待他们,更有耐心地培养他们、辅导他们、激发他们,同样要在人才发展和人才管理上持续精进。在管理经纪人之前,企业要管理好自己的理念和预期,视人为人,帮助经纪人实现人生的成功和绽放。只有这样,才能推动经纪人自我实现、自我驱动。

组织文化在很大程度上调节着两组关系:一是员工的自私与无私之间的关系,一是员工内心世界与外部世界的关系。只有自我实现的员工才能够更好地协调这两种关系，在工作中达到良好的状态，他们的工作动力发自内心的需求，内心世界与外部世界相互融合，合而为一，更容易处理外部的挑战与冲突。

从这个角度看，视人为人、以人为本的底层逻辑是超越 X 理论和 Y 理论的，它不是对人性进行前置假设，而是相信人的善意和人的潜能。事实上，人性之复杂，绝非 X 假设或 Y 假设所能全面涵盖，人性是一个广泛的光谱，在不同的光照下，会呈现不同的色彩和精彩。在一个以人为本的组织中，哪怕是自私的人也会表达出合作的善意，也会无意识地帮助他人，这就是文化的力量。

传统的中介文化更多是业务导向的，生产率、利润率、市场份额是核心目标，忽视人的心理、人的自我实现以及员工的安全感、归属感、自尊等因素。甚至在许多情况下，业务导向的文化属性以弱化或牺牲人的身心健康为代价，例如被过度宣扬的拼搏进取文化、加班文化、喝酒文化等。

展望未来，中介行业最终会回归到人，中介公司的本质是把经纪人高效地组织起来为客户提供优质服务，人是一切，中介的生意变成人的生意。以 Y 文化为基础，中介公司需要更加重视经纪人的培训、发展、福利，为他们创造一个安全和成长的发展平台。

效率与公平

无论采取什么样的企业文化，经纪人的收入水平都是文化得到实施的根本保障；同样，从公司的角度看，视人为人的前提条件也是经纪人的收入得到基本的满足。因此，提高经纪人收入、降低高收入与中低收入经纪人群体之间的收入差距,实现经纪人共同富裕,是非常重要的文化和组织保障。

共同富裕是中国社会发展的一条核心主线。它有两个关键词,一个是富裕,一个是共享,二者缺一不可。实现共同富裕是发展与共享的有机统一,是效率与公平的有机统一。共同富裕不是均等富裕,而是一种合理的、有差别的富裕,又是一种社会底层人群都能达到最低富裕标准的富裕。

按照国家统计局 2018 年对中等收入群体划分的标准,中国典型三口之家年收入低于 10 万元,可以称为低收入家庭,对应的群体为低收入群体。据统计,2018 年我国低收入群体占总人口比重超过了 70%,人口规模在 10 亿左右。

从贝壳的数据测算,除了北京、上海等少数城市,2022 年绝大部分城市的经纪人收入仅为当地社会平均工资的 60%,有 15 个城市的经纪人收入属于贫困水平(食物支出超过工资收入的 59%),大约一半以上经纪人无底薪,收入波动性很大。此外,全国不少城市 60% 的经纪人没有五险一金,行业内绝大多数经纪人的社会福利都不规范。

由此可见,房地产经纪人职业群体绝大多数属于低收入群体,是共同富裕这个大方向之下需要明显提高收入的群体。按照国家共同富裕目标的规划,低收入群体至少每年实现收入增长不低于 7.7%,方可在 2035 年达到中等收入群体水平。20 世纪 80 年代,邓小平同志提出了"两步走"发展战略,第一步"让一部分人先富起来",以"先富"促进市场经济的发展,做大经济这块蛋糕。这时候,在经济发展的政策选择中,国家采取的是"效率为先,兼顾公平"。在政策的鼓励下,中国房地产市场高速发展了近 30 年,年销售额从 2000 年左右的 5 000 亿元增长到 2022 年的 20 万亿元,房地产经纪行业的佣金总蛋糕也从开始阶段的数百亿元增长到了数千亿元的水平。在行业不断发展的同时,行业中有少部分群体收入增长很快,起到了"先富"的促进和示范效果,但也带来了相应的问题,也就是并不是所有的行业从业者都能够分享到增长的成果,导致行业内部收入分配差距进一步拉大。对房地产经纪行业来说,经纪人收入低、行业从业人员收入差距大既有一次分配不合理的地方,也有二次分配不合规的地方,所以导致行业低收入群体占比较高。

房地产经纪行业在收入一次分配中还有明显不合理的地方。

首先,经纪人的底薪低是经纪人收入低的根源之一。行业发展初期,大部分经纪公司采取的是中低水平的底薪加上中等比例的提成,这个阶段大部分经纪人每月能够有一定的生活保障收入。但 2015 年开始行业薪酬绩效改革,许多公司开始普遍推行无底薪、高提成制度。这次绩效变革导致了两个后果:一方面,无底薪导致行业规模进一步放大,人均产能和收入因为规模的放大而被稀释,这是低收入的主要原因;另一方面,无底薪制度导致经纪人内部收入方差进一步拉大,有一半以上的经纪人月度业绩很低甚至是零业绩,导致这部分人的基本收入无法得到有效的保障,这是经纪人进入贫困群体的主要原因。

其次,收入分配不合理是行业内收入差距扩大的主要原因。具体来看,经纪人每创造 100 元的收入,最终能有多少收入落到自己的口袋里?一方面,这取决于真实的提成率。虽然这几年的竞争使得行业的名义提成已经很高,但是最后经纪人能拿到多少提成,往往取决于平台费、分边等多种因素。从数据上看,大部分直营中介公司的经纪人只有拿到35％～40％的实得提成,加盟体系下的经纪人也只能拿到45％左右。另一方面,因为税收,经纪人名义收入与实际税后收入之间存在明显的差距。我们都知道，为了完成一单交易，经纪人往往需要花费不少钱用于购买房源展示端口、业主维护和成交客户维护等，这是一笔不小的支出。假设经纪人完成一单交易产生 2 万元业绩，公司发给经纪人 7 000 元提成。为了获得这 7 000 元税前收入，经纪人往往会自付 2 000～3 000 元的端口、客户维系以及为促成这单交易所必需的交通费、通信费、招待费等。这些可以统称为"展业成本"。对比证券、保险两个行业，同为"经纪业务"，相似的业务场景下，保险公司在计算经纪人应税收入时要扣除 25% 的展业成本。按照税收政策规定，对证券、保险行业佣金中的展业成本不征收个人所得税，而房地产经纪行业并没有出台相关税收政策。因此，在这单交易中，由于不能扣除展业成本，经纪人的应税收入基数是 7 000 元，这导致经纪人承担了过多的税收负担，也导致名义收入的"虚高"。

再者，社会福利不健全也是收入一次分配不合理的关键因素之一。除了收入低、收入不稳定等因素，还有一个更大、更长远的隐患是社会保障不健全、不规范、不持续。全行业的经纪人普遍缺少五险一金，部分公司采取将经纪人社保缴纳地迁移至深圳等"社保低洼地"以降低社保成本。大部分公司没有为经纪人缴纳住房公积金，这导致经纪人在购房置业中承担了比社会其他群体更高的按揭利息成本。行业已经高速发展了 20 多年，有部分经纪人已经接近退休年龄，再过 10 年，行业的经纪人将普遍面临退休养老的问题，广大经纪人的退休养老将面临极大的困境和挑战。

此外，在实践中，中介公司或门店个体工商户为了降低用人成本、减少税收支出，往往选择不缴、少缴税收和社保，以获得更多的竞争力和利润，从而导致劣币驱逐良币。具体来看，那些合规缴纳社保和税收的经纪公司要比不合规的经纪公司多承担约 20% 的增值税、房产税、个人所得税、企业所得税、社保等成本,合规的经纪公司承受了巨大的成本压力。自然而然的结果就是这些合规的公司往往面临更大的生存与发展压力,一旦遭遇市场下行,它们的压力更大,甚至不得不缩减人员,导致守法合规的公司和经纪人被"逆向淘汰"。例如,2022 年行业大调整时期,直营公司的规模缩减比加盟公司和合伙制公司更明显,这是因为后两者往往不须承担更多的税收或社保等成本。这样一来,对经纪人缴纳社保和更多福利的公司被淘汰,不交社保、不提供福利的公司却被留下。

那么,如何才能解决这些根本问题? 我们相信答案在于:与时俱进,行业需要新的经营哲学,需要新的文化伦理。

国内有很多经纪公司的管理者信奉稻盛和夫的经营哲学,但真心践行稻盛和夫哲学的人却很少见,有些人甚至把稻盛和夫文化作为管理工具。稻盛经营哲学的核心是在追求全体员工物质与精神两方面幸福的同时,为人类和社会的进步与发展做出贡献。稻盛先生为了全体员工的物质和精神两方面幸福,放弃了很多个人利益。日本以京瓷为代表的大型企业,内部最高层和最低层收入差距在 10 倍以内。正因为京瓷这种以人为本的经营理念,才让员工愿意付出。100 年前,美国纽约金融家皮尔庞特·摩根建议这个差距不要超过 20 倍。青色组织奉行的原则是:一旦有提升工资的空间,就应该优先考虑低收入群体,CEO(首席执行官)的工资上限为该组织中最低工资的 14 倍。但在中国,高管和基层员工收入差距的合理值是多少目前还没有共识。

据统计,2021 年中国 4 000 家上市公司高管的最高薪酬和基层员工的平均收入差距高达 180 倍。如果高层能够确保基层员工的合法权益,这个差距也许在效率优先的年代并不为过。然而,如果在不能保障基层员工的合法权益的基础上,高层的收入依然和基层员工差数百倍,显然这个分配比例有失道义和公平了。

面对未来,新的经营哲学应该是什么?新的文化导向应该是什么?我们认为有三个基本原则是重要的。

首先,认同共同富裕的大方向,在创造财富的同时做好共享,努力提升低收入经纪人群体的收入,降低贫困线经纪人占比,提高中等收入经纪人占比,降低高收入经纪人与平均收入的差距,确保在 2035 年前低收入群体能够将收入增长到中等收入群体的水平。房地产经纪行业不能给国家的共同富裕战略目标实现拖后腿。

其次,企业要合法、合规经营。公平的前提是法治精神,不能以成本高为理由而故意违法、违规。毕竟中国最大的民营企业京东都能够为基层员工合规缴纳社保和公积金,再难的企业能够说自己比京东还难吗?

再者,企业内部要公平一致,不能因为有些人员是管理人员、技术人员或者专业人员而和基层的经纪人区别对待,应该在基本权利一致的情况下按照市场公平的原则来对待收入分配,而不能因为岗位的不同而区别对待基本权利的一致性。

围绕这三个原则,我们呼吁经纪行业在收入分配方面进行必要的调整和变革。

第一,按照国家未来的收入倍增计划,2035 年中等收入的群体要比 2021 年扩大一倍。相对应的指导原则是降低低收入人群占比、扩大中等收入群体的规模,最核心的方式是把低收入群体拉升至中等收入水平,让更多人实现垂直流动。为此,经纪行业要在国家的大方向指引下,积极调整内部收入分配政策。具体而言,要确保低收入群体年收入增长比例不低于 7.7%,最低收入保障要确保,应最大可能地将收入向一线服务者分配。可以参考借鉴的案例包括:其一是我国台湾信义,采取的是高底薪、低提成的策略,降低经纪人收入的波动性,提升经纪人收入的稳定性;其二是日本最大的房产经纪公司三井不动产,在十年前即取消了经纪人的提成改为奖金制,从销售导向全面转型为服务和顾问导向;其三是美国的经纪人收入分配体系,经纪人在初次分配中能够分得80%以上的比例。

第二,行业整合,通过规模化和集约化来实现效率提升,这样才能将收入尽可能向一线经纪人分配。目前我国大陆的房产经纪门店呈现小、乱、差的情况,店均人数不超过10人,相比美国KW门店店均人数接近200人,我们的门店规模还有很大的整合空间。只有通过规模化运营,才能够节省大量的租金和管理成本,才有可能大幅度提升经纪人在收入分配中的比例。

第三,合法合规经营。发达国家和地区的经验表明,社会保障及福利制度对缩小收入差距具有积极的作用,欧洲国家社会保障对减少收入不平等的贡献率高达80%。面向未来,经纪行业应该发扬企业公民精神,自觉依法纳税,依法维护员工的合法权益,不能用成本高来为自己的违规找借口。同时,平台应该发挥生态化治理的主导责任,为行业设立严格的准入和退出标准,对合法合规经营的企业要给予声誉和流量支持,对不合法、不合规的企业要从维护平台公平竞争的原则责令限期改正,不能为违规违法的企业开绿灯,要通过打造良好的生态环境,让合法合规的企业获得更好的发展环境。

此外,公司内部在收入二次分配中要公平对待,不应该对不同群体采取不同的福利保障政策,应该按照劳动法的要求在基本权利保障方面一视同仁。管理层还要控制合理的收入差距,努力让一线员工获得物质和精神的双丰收。

由于前几十年中国的经济发展处在社会主义初级阶段,发展中存在的各种问题更多的是时代的产物,因此,我们不能采取秋后算账的形式来追讨历史的欠账,还应该站在发展的角度一切向前看。

但毕竟前几十年的野蛮生长还是让一部分人先富起来了,先富的人群有责任来帮低收入群体尽快赶上。因此,先富起来的群体可采取自愿的原则,通过设立互助金、救济金等形式,为那些生活困难的低收入群体给予一些帮助。

实现共同富裕是一个长期的过程。对经纪行业而言,要做好共同富裕的长期规划,宜早不宜迟,同时也要在调整和变革的过程中,广泛征求意见和建议,努力达成变革的共识,减少变革过程中的阻力,让变革在大多数人的支持和拥护下顺利开展。同时,我们也意识到这个转变过程也需要政策方面的支持。我们呼吁相关部门出台房地产经纪行业税收政策,增加"展业成本"作为应税收入的扣减项,参考证券、保险行业,将"展业成本"作为其他扣除项,按照收入额的 25%～30% 计算。此外,为了提升经纪人的收入,一个非常重要的方向就是提升职业门槛,政策方面应当制定从业资格考试制度,经纪人需通过相关资格考试,并具备规定的从业人员执业条件,执证上岗。

我们的未来

8

道常无为，而无不为。

——老子

世上最重要的事，
不在于我们在何处，而在于我们朝着什么方向走。

——奥·温·霍姆斯

　　2022 年注定是一个关键转折点。新房交易额从 18 万亿元的历史峰值回落到 13 万亿～14 万亿元,未来几年将逐步稳定在 10 万亿～12 万亿元。二手房交易额也从 2021 年的 7 万亿元下降到 2022 年的不足 6 万亿元,2023 年将逐步恢复到 6.5 万亿～7 万亿元,未来几年保持加速上升的态势,预计 2025 年将超过 8 万亿元。

　　尽管如此,我们依然看到许多积极的变化正在积累。2000 年中介行业起步之时,新房和二手房交易总额只有 5 000 亿元,虽然经历了大幅的市场下滑,2022 年总交易额达到 20 万亿元,增加了 39 倍。不仅如此,我们的住房存量套数已经达到 3 亿套,庞大的存量基数是中介行业长期发展的基本条件。从交易结构上看,过去 5 年二手房交易额只有新房的 40%,未来 5 年这个比例将跃升至 70%,中国房地产市场正在加速转向存量时代。此外,经历了 20 多年的房价单边上涨,当下及未来一段时间的房价走势趋于稳定和合理,住房正在快速回归居住属性,人们的住房交易行为也必然趋于理性,并对经纪人服务的专业性提出更高要求,职业化和专业化时代加速到来。

看清真相，依然热爱。尽管 2022 年中国房地产经历了有史以来的最大转折，绝大部分开发商因为债务危机而退出历史舞台，30%～40% 的中介门店因为持续亏损而关闭，但是我们应该认识到变化是永恒的常态，更大的变化孕育更大的可能，下行市场蕴含着上行的动力。看到希望，才有希望。本书的主旨也在于揭示这种变化，呼唤行动。

时机很重要

研究表明，有关创业成功的因素中，好的商业想法、很棒的团队和超强的执行力、好的商业模式以及资金等因素都很重要，但是真正关键的因素是时机。时机让一切因素融合在一起创造更多可能。对于中介行业而言，有三个时机是创业与创新的关键时间窗口。

第一个时间窗口是 2008 年。那一年全球正在经历严重的金融危机，中国政府启动了四万亿救市计划。虽然新房和二手房交易量大幅度下滑，但是北京和上海两个一线城市在这一年正式进入存量房时代，二手房市场成为主导，并在 2009 年创造迄今为止最高的交易量。此后的十多年，市场呈现周期性波动，总体上呈现量价齐涨的格局，市场红利非常大。对于中介行业的创业者而言，这个时间窗口的核心含义是规模，谁能够通过合理的方式形成和保持有效规模，谁就能赢得未来。不仅是中介行业，新房开发和新房代理也是如此。以万科为代表的开发商和以世联、易居为代表的代理公司也是从 2008 年开始开启规模扩张的道路。

第二个时间窗口是 2015 年。那一年中国政府启动了最大规模的棚户区改造计划,在这个浪潮中,全国性房企以更快速度扩张,高周转和高杠杆的模式走向更广泛的三、四线城市和一、二线城市的近郊、远郊或新城,这为新房渠道的崛起创造了条件,从而为中介公司提供了一个"新蛋糕",也为后来的平台化和加盟化浪潮提供了背景条件。此外,2015 年全国各行各业都在开启互联化改造模式,资本大量进入传统产业,并第一次大规模进入中介行业,在资本和技术的双重推动下,中介行业出现有史以来最大的并购和整合。从区域发展角度看,从 2015 年开始,许多二线城市的新房和二手房齐头并进,都在快速发展,重庆到家了和常州常居等一批直营公司也是从这个时间点开始快速发展。

第三个时间窗口就是 2022 年。二手房时代加速到来、从卖方市场转向买方市场、换房和改善需求成为主流等一系列变化意味着规模化时代趋于结束,品质服务时代正在来临。经历了市场的快速下行,中介门店规模缩减 40％,产能过剩的情况得以缓解,行业正在调整优化之中。

聚焦非共识

那么,在这样的时间窗口,未来到底还有哪些可能? 回顾行业变迁史,我们可以清楚地看到,几乎所有的重大创新都是边缘革命,都是非共识不断变成主流的过程,所有后来成为主流的创新在起初往往都只是星星之火,甚至当初的那些创新往往是行业主流的对立面。然而,行业发展的历史表明:边缘会成为中心,非共识会成为主流。在吃差价的时代,只有不吃差价的公司才能成为真正的赢家;在交易风险巨大的时代,只有资金监管、签三方约、交易透明的公司才能做大；在假房源的时代，只有做真房源的公司才能赢得消费者口碑；在线上买端口投广告的时代，只有那些坚持社区服务的公司才能建立长期的客户关系。

站在未来看现在，我们认为有些潜在的方向在今天看来是所谓的非共识，在未来有可能变成主航道。我们相信未来一定是企业家创新和尝试的结果，这里提出五个潜在方向，跟读者探讨。

卖方独家单边

当下的主流模式是双边中间人机制，经纪人与买卖双方没有明确的委托代理关系，既不代表买方利益，也不代表卖方利益，这是冲突的根源。参考国外成熟模式，既有双边独家，以美国为代表，买卖双方可以各自指定一个经纪人为自己提供服务；也有单边独家，以澳大利亚为代表，卖方委托一个经纪人，全权代表自己的利益，没有买方经纪人，客户要看房，可以主动联系卖方经纪人。在澳大利亚这种模式下，中介费都由卖方支付。我们认为这种模式在未来具备一定的可行条件。一方面，在买方市场条件下，最急迫需要服务的一方是业主，大量库存房源的存在使得成功出售成为极其困难的事情，业主需要一个真正的委托人代表自己的利益，一起出谋划策、合理定价，精准制定营销和推广方案，并在出售过程中及时调整营销策略。另一方面，在业主付费的情况下，业主可以在合同中指定谁能带来客户，可以支付一定佣金。这样就相当于通过业主付费雇用了全市场经纪人。

租赁型中介

租赁业务的重要性不言而喻,但是大部分中介公司对租赁业务的重视程度是远远不够的。可以说,租赁是边缘业务。但是反观成熟市场,在大城市一般都有租赁型中介。其中最典型的是英国的 Foxtons,它的业务板块分为住宅销售、住宅出租和抵押贷款经纪等三个部分,但是租赁业务收入占比超过 50%,居于主导。作为公司的核心业务,它从事租赁托管服务,主要为业主提供租赁与综合房屋托管业务:前者是一般意义上的普通租赁业务,后者则指房源宣传和匹配、租户筛查、租后维修维护、租金收取等工作。国内也有一些公司在租赁业务上更加重视,做出了特色,例如杭州我爱我家,市场下行的时候,其租赁业务收入占比超过 50%,利润贡献更大。还有一些专属的租赁公司,如武汉的海居租房,只做租赁,且只做普通租赁,年度租赁单量超过 10 万单,形成了细分市场的专业化能力。当年的互联网中介品牌"爱屋吉屋",如果坚持深耕租赁市场,今天应该会成为非常成功的租赁交易服务平台。此外,哪怕是一家单店,租赁业务都非常重要。我们在澳大利亚调研时发现,90% 的加盟店都有租赁业务,租赁对于店东的价值是提供了一个稳定的现金流,不仅可以覆盖日常经营支出,而且店面转让或并购的时候,门店的估值主要取决于租赁业务的现金流。

服务细分与卖方付费

我国大陆中介的服务和收费模式是全流程服务、一揽子统一收费,绝大部分费用都包含在 2% 的总佣金之内。参考成熟经验,美国、日本及我国台湾、香港的佣金费用只适用于交易过程,诸如产权调查、产权保险、按揭经纪、资金监管等交易保障相关的服务费用都是单独收取。在澳大利亚,业主卖房的广告费用也是单独支付的,包括线上的广告费用,线下的报纸广告、展示牌等支出是一项独立的费用,独立于佣金之外,由业主与经纪人(公司)在委托合同中事先明确,且事先支付,与交易是否达成无关。参考这些模式,未来中介行业的服务和收费模式可以明确拆分为多个部分,如营销广告费用、中介费用、交易保障费用,统一标价,透明收取,其中交易保障环节的服务包括资金监管、资质审查、网签、缴税、过户、物业交割等诸多环节的服务。

超级经纪人平台

美国有两家公司 RE/MAX 和 Compass 专门服务超级经纪人。RE/MAX 是一家传统的特许加盟公司,专门吸引全美顶级经纪人,提成超过 90%,吸引、招募和留住高生产力、富有经验的优秀经纪人,从而构建最高人效的特许经营网络,这就是它的核心战略和差异化定位。Compass 借助于资本和技术的推动,在全美猎聘前 10% 的优秀经纪人,提成率超过

90％,并给予股权激励和签约奖金;在业务策略上,差异化定位是高端,用最好的人卖最贵的房子,实现最高的人效。经过 20 多年的发展,几乎每个城市都已经拥有一批从业时间超过 10 年的老经纪人,他们开单能力强,已经建立了社区的服务基础,形成了自己的个人社交关系,但是这批人也需要平台提供相关的数据服务、签约支持和技术工具。以超级经纪人为中心的开放平台将会是一个潜在的方向。

C2C 平台

在国外,基于业主自售的 C2C 平台一般占有 10％～20％比重。有些业主不愿意支付高昂的中介费,且耗时比较多,特别是已经在过往的房屋交易中积累了相关的经验,就可以通过这样的平台推广自己的房源,感兴趣的客户直接联系业主谈判,中间没有经纪人参与。作为平台方,一般只提供交易相关的简单服务,收取一定的服务费,但不收取中介费。反观我国的情况,许多城市的"手拉手"交易占比已经达到 20％～30％,杭州甚至超过了 30％,虽然业主和客户可以通过官方平台实现自行交易,但是政府提供的服务相对有限。除了杭州,大部分城市的官方交易平台只提供非常简单的基础设施,也缺少用户体验和技术迭代。在一定程度上,这个市场的空间是相对确定的,每个城市都会存在 20％左右的 C2C 市场,这些业主和客户也非常需要专业的服务。

青色组织

　　组织的活动，从简单到复杂，都有两个基本且相互对立的要求：一方面要将这个活动拆分成不同的任务；另一方面又要把各项任务协调整合起来，以便实现最终目标。从这个角度看，我们可以将一个组织的结构简单定义为：将工作拆分成若干不同的任务，再协调整合起来以实现工作目标的各种方法的总和①。分工主要由工作的性质与技术条件决定；协调是一件更复杂的事情，有各种不同的方式，更多取决于人的协同。

　　在某种程度上，组织的进化方向也是围绕这两个方向进行的，即分工与协同。弗雷德里克·莱卢在《重塑组织》一书中描述了几种典型的组织形态②。其中，琥珀色组织如教会、军队或农业社会的官僚体系，强调的是稳定、可复制的流程，使组织能够在无限扩张之下仍能保持良好的运转。在稳定的流程中，人不重要，任何人都可以被替代，无论任何个体离开，组织都能正常运行。例如，教会组织里的教皇、军队组织里的将军，在这样等级森严的组织，只有服从，所有人都是秩序、仪式和流程的一个微小环节，都不重要。

　　工业革命催生了橙色组织，沃尔玛、可口可乐等大型组织都遵守橙色的管理假设：组织如机器，它的存在是为了利润最大化，每家企业都在追求更快的速度和更大的市场份额。组织的决策自上而下，由精英管理者阶层控制着组织的运转，组织为增长而增长，人是实现目标的工具，组织

---

　　①　明茨伯格.卓有成效的组织[M].魏青江,译.杭州:浙江教育出版社,2020.
　　②　莱卢.重塑组织:插画精简版[M].陈颖坚,薛阳,译.北京:东方出版社,2022.

缺少生机或灵魂,人们只用金钱和荣誉感来衡量成功,一切归于目标和数字,工作的意义感缺失,工作的流动性成为常态。此外,这种科层结构虽然为大型组织带来秩序和稳定性,但是却无法适应世界的多变性和复杂性。

随着人们越来越多地意识到橙色组织的阴暗面,绿色组织应运而生。这种组织强调更多元的世界观,员工将组织视为一个"社区",每个人都有一席之地,同事之间相互关心,每个成员的幸福程度对整个组织的价值体现极为重要。在管理上,员工开始享有更多授权,组织的决策权下放给员工。利润不再是唯一的追求,共同的价值观成为激励员工的关键。绿色组织已经是目前为止最好的组织形态,但是也存在一些弱点,例如组织层级仍然存在,核心决策仍然需要企业家来进行,组织成员之间仍然存在利益的冲突与不一致,组织利益与个人利益并不完全一致。

我们认为,面向未来的完美组织是青色的,它的核心是员工自我管理,建议流程取代科层,任何人都有做出决定的权力,决定越重大,就越需要向更多方征求建议。青色组织强调员工的身心整合,让员工摘下面具,敢于彻底地做回真实的自己,巨大的能量因而得到释放。公司的冥想休息空间、职位、工作说明、培训、会议等许多细节方面的设计都会考虑一些创新的做法,让工作成为员工身心合一的地方,让员工与组织一起进化。大多数组织最大的挑战是个体利益与组织利益之间的冲突。青色组织的最大魅力在于它能够超越自私与无私之间的对立,组织中的个人在寻求自身利益时也会为他人带来利益,在帮助别人时也会从中受益。可以看出,自主管理、共享共创、信息沟通充分等机制是青色组织良性运行的重要保障。

对照一下就会发现,大多数中介组织介于琥珀色与橙色之间,只有一部分具备科学管理能力的企业属于橙色,进化到绿色和青色的组织非常少见。简单对比,信义更像是绿色组织,KW 更像是青色组织。KW 是全世界最大的中介特许加盟品牌,它的使命是发展和培养经纪人的职业能力和价值,帮助他们取得成功的事业和丰厚的收入,成为值得尊重的人。基于这个使命,KW 把员工定义为事业的合伙人和利润的共享者,激发经纪人的积极性,通过培养和发展经纪人的能力帮助他们成功,进而实现公司的商业成功。从这个经营认知出发,KW 以发展和培育员工为己任,通过大量的职业教育、培训以及诸多课程,帮助经纪人提高专业能力,开拓视野。这里面的一个基本假设就是只有经纪人成功,公司才能成功,两者利益高度一致,每个人视自己为合伙人而不是雇员,他会像合伙人那样思考,像合伙人那样采取行动,会承担组织的责任。总之,合伙人与其他人的利益不是分离的,更不是对立的,而是共同的、一体的、融合的。

随着市场和行业竞争环境的变化,像链家这样的直营组织将会向绿色组织进化,许多小而美的地方中小企业则有可能直接过渡到青色组织。例如社区大店的组织形态,可以按照青色组织的理念设计,把成熟经纪人通过自组织的形式,通过自我管理、共创共享的方式为周边的社区提供良好的服务。

当然,这样的可能性清单或许还可以列出更多。一切皆有可能,未来在于创造。时间的长河奔流向前,时而蜿蜒曲折,但是总能为自己找到新的方向。

推荐书目

[1]KELLER G，JENKS D，PAPASAN J.Shift：how top real estate a-gents tackle tough times[M].New York：The McGraw-Hill Compa-nies，2008.

[2]沙因.组织文化与领导力[M].5 版.陈劲,贾筱,译.北京:中国人民大学出版社,2020.

[3]里斯,特劳特.定位[M].邓德隆,火华强,译.北京:机械工业出版社,2021.

[4]基尼齐,威廉姆斯.认识管理:管什么和怎么管的艺术:第 4 版[M].刘平青,等译.北京:世界图书出版社,2021.

[5]德鲁克.管理:使命、责任、实践[M].陈驯,译.北京:机械工业出版社,2019.

[6]崔西.销售中的心理学[M].王有天,彭伟,译.北京:北京联合出版公司,2016.

[7]考夫曼.数字时代的营销战略[M].北京:机械工业出版社,2020.

[8]富特雷尔.销售 ABC[M].刘宝成,译.北京:中国人民大学出版社,2013.

[9]陈建豪.信义学[M].台北:天下文化出版股份有限公司,2021.

[10]陈威如,余卓轩.平台战略[M].北京:中信出版社,2013.

[11]卡尼曼.噪声[M].李纾,译.杭州:浙江教育出版社,2021.

[12]平克.驱动力[M].龚怡屏,译.杭州:浙江人民出版社,2018.

[13]铂金斯,霍尔特曼,墨菲.沙克尔顿的领导艺术:危机环境下的领导力:第2版[M].冯云霞,笪鸿安,孙怀宁,译.北京:电子工业出版社,2013.

[14]稻盛和夫.阿米巴经营[M].北京:中国大百科全书出版社,2016.

[15]舒尔茨DP,舒尔茨SE.工业与组织心理学:心理学与现代社会的工作:第10版[M].孟慧,林晓鹏,等译.上海:上海人民出版社,2014.

[16]范金,景成芳,钱晓光.任职资格与员工能力管理[M].2版.北京:人民邮电出版社,2011.

[17]房晟陶,左谦,樊莉.首席组织官[M].龚怡屏,译.北京:机械工业出版社,2021.

[18]哈金斯,霍利汉.人人皆赢[M].杨现领,郭逸男,译.厦门:厦门大学出版社,2017.

[19]科特勒,凯勒.营销管理:第15版[M].何佳讯,于洪彦,牛永革,等译.上海:格致出版社,上海人民出版社,2016.

[20]莱卢.重塑组织:插画精简版[M].陈颖坚,薛阳,译.北京:东方出版社,2022.

[21]莱卢.重塑组织:进化型组织的创建之道[M].进化组织研习社,译.北京:东方出版社,2017.

[22]泰勒.科学管理原理[M].马风才,译.北京:机械工业出版社,2021.

[23]郭咸纲.西方管理思想史[M].4版.北京:北京联合出版公司,2019.

[24]格瑞伯格,威斯特,斯沃恩.销售人力资源管理[M].曹淮扬,刘轻舟,范永俊,译.北京:企业管理出版社,2002.

［25］黄蔚.服务设计:用极致体验赢得用户追随［M］.北京:机械工业出版
社,2020.

［26］黄旭.13＋1 体系:打造持续健康的组织［M］.北京:机械工业出版
社,2021.

［27］哈默.管理的未来［M］.陈劲,译.北京:中信出版社,2012.

［28］凯勒,杰恩斯,帕帕森.百万富翁房地产经纪人［M］.余德平,刘刚,
译.北京:机械工业出版,2006.

［29］江新.松下幸之助创业之道［M］.北京:北京燕山出版社,2010.

［30］帕克,埃尔斯泰恩,邱达利.平台革命:改变世界的商业模式［M］.志
鹏,译.北京:机械工业出版社,2018.

［31］科特勒,凯勒,切尔内夫.营销管理:第 16 版［M］.陆雄文,蒋青云,赵
伟韬,等译.北京:中信出版社,2022.

［32］查兰,德罗特,诺埃尔.领导梯队:全面打造领导力驱动型公司:第 2
版［M］.徐中,林嵩,雷静,译.北京:机械工业出版社,2020.

［33］李海明.松下幸之助经营之道［M］.北京:北京燕山出版社,2010.

［34］李翔.做难而正确的事:老左的那些话［M］.北京:新星出版社,2020.

［35］莫瑞尔.超越变革的阻力［M］.北京:清华大学出版社,2018.

［36］林静宜.鼎泰丰自述［M］.上海:文汇出版社,2017.

［37］里维斯,汉拿斯,辛哈.战略的本质［M］.王喆,韩阳,译.北京:中信出
版集团,2016.

［38］塞利格曼.真实的幸福［M］.洪兰,译.杭州:浙江教育出版社,2020.

［39］塞利格曼.活出最乐观的自己［M］.洪兰,译.杭州:浙江教育出版
社,2021.

［40］白金汉,科夫曼.首先,打破一切常规［M］.鲍世修,等译.北京:中国青

年出版社,2011.

[41]麦格雷戈.企业的人性面[M].韩卉,译.杭州:浙江人民出版社,2017.

[42]贝拉斯克斯.商业伦理:概念与案例:第 8 版[M].刘刚,张泠然,程熙镕,译.北京:中国人民大学出版社,2020.

[43]契克森米哈赖.心流:最优体验心理学[M].张定绮,译.北京:中信出版社,2017.

[44]明茨伯格.卓有成效的组织[M].魏青江,译.杭州:浙江教育出版社,2020.

[45]贝尼奥夫,兰莉.开拓者:企业是改变世界的最伟大平台[M].裘晔,译.北京:中国青年出版社,2021.

[46]梅奥.工业文明的人类问题[M].陆小斌,译.北京:电子工业出版社,2013.

[47]纳德拉.刷新:重新发现商业与未来[M].陈召强,杨洋,译.北京:中信出版社,2018.

[48]菲茨西蒙斯 J A,菲茨西蒙斯 M J,波多罗伊.服务管理:运作、战略与信息技术:第 9 版[M].张金成,范秀成,杨坤,译注.北京:机械工业出版社,2020.

[49]施永青.我行我道 I:无为而治的威力[M].北京:中国人民大学出版社,2014.

[50]矢野新一.弱者 VS 强者战略[M].(台湾)零售市场杂志社,译.厦门:厦门大学出版社,2003.

[51]克雷纳.管理百年[M].闾佳,译.杭州:浙江教育出版社,2021.

[52]王福玲.康德尊严思想研究[M].北京:中国社会科学出版社,2014.

[53]卡罗尔.生命的法则[M].贾晶晶,译.杭州:浙江教育出版社,2018.

［54］忻榕,陈威如,侯正宇.平台化管理［M］.北京:机械工业出版社,2020.

［55］乔利,兰伯特.商业的核心:新时代的企业经营原则［M］.李矫,译.北京:中信出版社,2022.

［56］语嫣.生长:从战略到执行［M］.北京:中国财政经济出版社,2022.

［57］科特.领导变革［M］.徐中,译.北京:机械工业出版社,2021.

［58］库泽斯,波斯纳.领导力:如何在组织中成就卓越:第 6 版［M］.徐中,沈小滨,译.北京:电子工业出版社,2018.

［59］张钢.管理学基础文献选读［M］.杭州:浙江大学出版社,2008.

［60］张维迎.重新理解企业家精神［M］.海口:海南出版社,2022.

［61］周俊吉.还可以更努力［M］.台北:天下文化出版股份有限公司,2016.

［62］竹内弘高,野中郁次郎.知识创造的螺旋:知识管理理论与案例研究［M］.李萌,译.北京:知识产权出版社,2006.

后　记

　　写作这本书的起因是在 2020 年新冠肺炎疫情居家隔离期间，我有机会系统阅读了美国 KW 公司创始人加里·凯勒（Gary Keller）的三本书，其中 *Shift：How Top Real Estate Agents Tackle Tough Times*（以下简称 *Shift*）这本书给我留下了深刻的印象。虽然中国的房地产市场每隔三年左右就会发生一次周期性波动，其实美国房地产市场也是周期性波动的，只不过波动的周期略长一些罢了。每次房地产周期性波动都会给公司的正常运营造成很大的影响，公司和经纪人如果不能及时转变服务策略和方法，思想和行动还停留在火热的市场中，那么他们就会因为无法适应市场的转变而信心受挫，时间稍长一些就不得不带着遗憾离开市场。加里·凯勒在书中，用他丰富的从业经验，详细介绍了在市场下行周期中优秀的房地产经纪人应如何顺应市场的转变，在转变的市场中找到新的机会，并能够为客户提供更有竞争力的服务。在仔细阅读了这本书之后，我和广州的同事汪梦霞一起开发了一门课程"黄金四十天销售法则"，广州的伙伴们培训后的感受非常好，而且他们很快用行动进行实践并带来了业绩的提升。后来，我在空白的课堂上也和其他公司的管理者分享了该书的核心观点和内容，听者的评价都还不错。

　　杨现领博士很早以前也读过这本书，对书中的买方市场和卖方市场的定义非常认同，多次和我交流观点。我们俩后来萌发了一个想法，试图和美国出版社联系将该书引入中国并翻译成中文介绍给国内的广大读者。经过杨博士和我的多次联系，可能是由于美国新冠肺炎疫情的原因，对方迟迟没有回复。

2021年下半年开始，中国的房地产市场再次迎来了我职业生涯中的第七次宏观调控，这次调控造成的影响之深、持续时间之长前所未有，民营房地产开发商遭受了沉重打击，房地产经纪行业也损失惨重。在2022年下半年，杨博士和我商量写一本中国版的 *Shift*。经过三年的新冠肺炎疫情和史上最严、持续时间最长的一次房地产宏观调控，中国的房地产市场将会迎来和以前截然不同的大转变。在历史的转折点中，我们俩希望能够给中国的房地产经纪行业的从业者一些启发，希望大家能够从变化中洞察到历史的机会，并从中找到新的突破口，带领团队积极变革，在已经来到的巨变中除弊革新，为中国房地产经纪行业带来新的转变！

这本书的出版首先要感谢杨博士的倡议和坚持，从提议写这本书开始，杨博士就是最积极的行动者，从结构框架到每一章节的内容，杨博士都有他深刻的理解和洞见。在我们开始创作的前几个月，感谢王莉博士每周都能够对我们的创作提出修改建议。王莉博士调研了很多优秀的经纪人，并对本书"服务的转变"一章贡献了主要观点和内容，提出了很好的建议。还要感谢我的同事徐东华、乔宠如、罗忆宁、赵凯等：徐东华、乔宠如参与了本书的讨论并提出了很多有建设性的观点；罗忆宁参与了"组织的转变"的内容创作；赵凯和我多次沟通了本书中的一些观点，每一次他都能给予一些中肯的建议。

我还要感谢我的国际商学院DBA（工商管理博士）导师、《平台战略》一书的作者陈威如教授，他对房地产经纪行业有深入的调研，对经纪行业的平台模式有着前瞻性的见解，在阅读了本书初稿之后，陈教授对本书的内容提出了很好的修改建议。另外，还要感谢中国房地产估价与经纪人学会的柴强博士。柴博士一直关注着房地产经纪行业的变化，他衷心希望房地产经纪行业能够不断规范发展。感谢周俊吉董事长和陈威如教授，他们在百忙之中仔细阅读了本书，并为本书作了推荐序。

我们最要感谢的是中国房地产经纪行业的百万经纪人，他们怀揣美好的梦想，用他们的青春和汗水为客户提供了无微不至的服务。但现实中，他们中的绝大多数人的付出还得不到应有的回报，他们悄悄地踏入这个行业，又悄然无息带着遗憾离开。他们是社会服务业中最具专业性的群体，长期以来社会对他们还有很多的偏见，但他们应该被社会、被客户、被管理者尊重，他们有理由赢得更好的培训、收入、福利和职业发展。借助我们这本《看见 可能：迎接新经纪时代》，致敬房地产经纪行业最可爱的房地产经纪人，祝福你们的明天更美好！也希望房地产经纪行业的管理者们在看到本书后能够积极行动起来，一起改变！